奈良・大和を愛したあなたへ

千田　稔

東方出版

●目次

拝啓　伊藤博文 様

対山楼と六松庵

　奈良は花便りを待ちこがれる頃となりました。あなたが初代内閣総理大臣として、近代日本の骨格をお作りになりましたことは、いまさらいうまでもございません。公務多忙の日々に奈良をお訪ねいただいたようでございます。その記録は奈良市の今小路にございました対山楼《たいざんろう》という一流旅館の「宿止人名控帳《しゅくしじんめいひかえちょう》」から知ることができます。

　ただ、目下のところこの原本を所蔵しておられる図書館が未整理のため閲覧ができません。かろうじて原本の数枚のコピーをたまたまもっておられた町の資料館であなたのお名前を知りました。しかし、残念ながら宿泊された年月日は不明でした。明治三十一年（一八九八）までにお見えになったようですが、いつ頃か、どこをお訪ねになったか、直接にはわかりませんでした。

　そこで、『伊藤博文公年譜』（昭和十七年）をひもといてみました。それによりますと、明治二十二年に「三月九日御用ニ依リ京都、大阪二府、愛知、三重、奈良三県へ差遣

伊藤博文（1841 ～ 1909）政治家

セラル」とございました。この御用とは、おそらく天皇のご下命によると思われ、『明治天皇紀』にもほぼ同じ趣旨の記事がございますが、一体、その目的は何であられたのでしょうか。各地を訪ねられる要務であったと察せられますので、奈良で宿泊されるような余裕がおありになったかどうかわかりません。むしろ、次の記事に対山楼止宿の可能性があるようでございます。

明治二十三年（庚寅）
三月十日東京出発、静岡、名古屋、熱田宮、四日市、奈良等遊歴ノ途ニ上ル。
三月十八日小田原ニ帰ル。

明治二十三年という年はあなたにとっては、第一次伊藤博文内閣がその前々年に終わり、前年には山県有朋内閣が成立し、比較的時間が自由に使えたように察せられます。『伊藤博文伝』には、「静岡、名古屋、四日市より関宿、上野を経て月ヶ瀬の梅花を鑑賞し、奈良の古蹟を歴訪し……」とあり、松方正義蔵相に奈良から書状を送っておられます。奈良にお着きになったのは三月十五日の夕刻で松方蔵相への書簡には奈良で「三、四日は滞遊のつもりに候」とございます。十月には貴族院議長におなりになり、再び政界の渦中に入られることになります。

明治四十二年（一九〇九）十月、ハルビンで暗殺に遭遇され、「ばかな奴じゃ」というのがあなたの最後のことばになりました。無念この上もないお気持ちが察せられます。六月まで韓国統監のお役目の時、中国や朝鮮半島の影響を受けた奈良仏教のことをどのようにお思いになっていたか、是非ともうかがいたいという気持ちがつのります。

その後、長い年月が走馬灯のごとく過ぎました。二十年近く前にあなたの形見が奈良にまいりました。唐招提寺と近鉄橿原線をはさんで西に西方院という塔頭がございますが、その六松庵という茶室はもともとあなたの大磯の別邸にあったものを移築されたと伝えられています。ご住職の奥様がお茶と絵を好まれたので、あなたの茶室を解体して奈良まで運ばれたと聞いております。対山楼にお泊まりになったことが、秘かなご縁となったと思いたく存じます。

敬具

拝啓　岡倉天心 様

奉行所跡の風景

奈良にも初夏の風が感じられる頃となりました。

あなたが、奈良の美を日本に、そして世界に紹介していただいたありがたさを、私たちは忘れてはならないと、いつも肝に銘じています。あなたの定宿も、今小路の対山楼でした。「対山楼宿止人名控帳」の断片的なコピーしか私は見ることができないのですが、明治十八（一八八五）、二十一年にお泊まりになったことが記されています。明治十八年四月二十九日には「文部一等属　岡倉覚三」とございます。ご一緒された方々として、当時アメリカから招かれ東京帝国大学（現在の東京大学）で美術史を講義されていたフェノロサ教授、後に東京帝国大学総長となられます浜尾新（当時文部省専門学校局長）、日本画家狩野芳崖（当時図画取調掛）ら各氏のお名前も知ることができます。この頃、奈良にお運びになられたのは、東京美術学校（現在の東京芸術大学）の創設のご準備であったとうかがっています。

岡倉天心（1862 ～ 1913）思想家・美術評論家

明治二十一年に奈良にお見えになった翌年に東京美術学校が開校され、しばらくしてあなたは同校の校長になられます。黒田清輝氏を講師にお迎えになり、西洋画科も新設されました。門下には横山大観、菱田春草、下村観山など錚々たる日本画を専門になさった皆様がおれれました。まさに、日本芸術の総師として、あなたの存在はゆるぎないものでございました。ところが、あなたのような才気満ちあふれた方に対する風当たりが強く、明治三十一年、反対派の校長排斥運動がおこり、辞任されました。どの組織でも、器量の大きい人は、小粒なものどもからなる徒党の標的となるようでございます。だが、あなたとともに退職した人達とともに東京の谷中に日本美術院が創設されました。あなたがボストン美術館東洋部長に赴任されるなど、日本美術院は一時期衰運の憂き目にあいますが、やがて大観らの弟子達によって、日本画の革新運動は大きなうねりとなり、今日の院展によって私たちは、その意義を目の当たりにいたします。

その日本美術院の一つの流れが奈良にございました。奈良美術院とも呼ばれたようでございますが、あなたのご指示で仏像の修理などにたずさわるという、これもまたまことに有意義なお仕事だと存じます。最初は東大寺の勧学院にございましたが、後に水門町の無量院にお移りになったとお聞きしております。さらに戦後は京都に置かれます。

あなたは、奈良に東京美術学校の分校を設置するという構想をお持ちでした。あちこち候補地をお探しになったようですが、有力な場所として奉行所の跡地をお考えになられたのですね。しかしながら、無念なことに、東京美術学校の騒動など諸般の事情で実現しませんでした。そして、明治四十二年に奉行所跡に奈良女子高等師範学校ができました。その後身の奈良女子大学で私も教鞭をとりましたが、キャンパスのところどころに、奉行所時代の神を祀った場所が無残にも放置されているのを見て心が痛みました。明治という近代が手を下した暴力の風景というべきでございましょうか。あなたも、それを目撃されるときっと胸中に穏やかならないものをお感じになると拝察申し上げます。

敬具

柿をむいた女性

拝啓　正岡子規　様

春日の森に蝉の鳴き声が響きわたる頃となりました。
あなたも対山楼にお泊まりになりました。宿帳に次のようにあります。

明治廿八年十月二十六日
東京下谷区上根岸町八十二番地
士族　無職業　正岡常規　二十八年

この年（一八九五）、あなたは、『日本』の従軍記者として日清戦争の戦場に赴き、帰国の途中、喀血されます。神戸、須磨で養生をし、郷里の松山にお戻りになります。やがて、上京されることになりますが、腰に痛みを感じ歩くのも少し困難なご様子でした。しかし、病をおして、奈良に遊ばれたと、「くだもの」という随筆にお書きに

正岡子規（1867 ～ 1902）俳人

なっています。

「柿くへば鐘がなるなり法隆寺」は、この時にお作りになったようです。

この句は、あまりにも有名なものでございますから、私は気にもとめなかったのですが、これまで、歌よみたちに見放されていた柿を奈良に配合することができ、大変うれしいご様子でございました。今日ではたいした新鮮さを感じないのですが、俳句の革新を唱えておられたあなたにとっては、大きな意味をもちました。日清戦争の従軍というのも、あなたにとっては「近代」を体験するための身の危険を賭してのフィールドワークでしたが、あなたの句作も文芸における「近代」の発見でありました。

燃焼しつくした短いあなたの人生のエピソードとでもいってよいかと存じますが、通りすがりに出会った女性への思いが、対山楼でございました。夕食後、御所柿を望まれましたところ、手伝いの女性が、沢山な柿を持ってきてくれました。あなたの前で柿をうつむき加減でむいてくれる女性の顔に「ほれ〴〵と見とれてゐた。此女は年は十六七位で、色は雪の如く白くて、目鼻立まで申分のない様に出来てをる。生れは何処かと聞くと、月か瀬の者だといふので余は梅の精霊であるまいかと思ふた」と「くだもの」に綴られています。あなたは、柿を食べておられ、その女性は、さらに他の柿をむいている光景。うっとりとされていると、ボーンと釣鐘の音が聞こえました。

こんな会話が二人の間にございました。

「オヤ初夜が鳴りました」

初夜というのは、午後六時から十時頃をいいますから、その間に行う勤行のことでしょう。

「あれはどこの鐘かな」

「東大寺の大釣鐘が初夜を打ったのでございます」

「東大寺はこの頭の上にあるのかな」

女性は、立ち上がって板間に出て中障子を開けて見せてくれました。確かにあなたの頭の上にあるような感じでした。月が荒れた木立の上を淋しそうに照らしていました。

「鹿が大仏様のお堂の後ろに来て鳴きますから、よう聞こえます」

大仏の足もとに寝る夜寒かな

敬具

拝啓　夏目漱石 様

墨の香や

奈良の夜は虫の音が聞こえる頃となりました。

あなたが、奈良にお見えになったらしいことは、奈良で詠まれた俳句が若干あることからお察しできないこともありません。ところが、あなたの足跡を丹念に調べた荒正人氏の「漱石研究年表」をひもといても、奈良に来られたという記事が見当たらないのです。しかし、『漱石全集』（第十七巻）には明治二十九年（一八九六）頃から四十年にかけてご友人正岡子規のもとに送られた俳句の中に、おそらく奈良を念頭におかれたと思われるのがいくつかございます。それらを拾わせていただきますと、明治二十九年のところに収録されているのが多いのですが、この年に奈良においでになったのでしょうか。次のような句がございます。

梅咲きて奈良の朝こそ恋しけれ

夏目漱石（1867 ~ 1916）小説家・英文学者

奈良の春十二神将剥げ尽せり
大和路や紀の路へつゞく菫草
春日野は牛の糞まで焼てけり
奈良七重菜の花つゞき五形《ごぎょう》咲く
涼しさや奈良の大仏腹の中

最後の句は夏の作品だと存じますが、残りの五句は春の季語が詠まれていますので、明治二十九年の春に奈良でお遊びなさったのでしょうか。でも、そんなに簡単に決め付けては失礼にあたることもよく心得ております。

一句目の「奈良の朝」の「朝」は「ちょう」と読むようでございますので、はるか昔の平城京「奈良朝」の回想とすれば、奈良で詠まれたかどうか私にはよくわかりません。でも、あなたが奈良に恋しいお気持ちをもっておられたことは想像できます。

第二句と第三句は、三月五日に「子規へ送りたる句稿」の一〇一句の中にあり、正岡子規に添削をお願いされたものでございますね。この二つの句はもしかしたらあなたが奈良に来られたかもしれない時期を推定させていただく手がかりになるかもしれませんが、だけど、後世の人間の推定は的外れになりがちで、新しい資料が出てまいりますと物笑いにされてしまうものです。この二つの句は明治二十九年三月五日以前に作られたことは確かでございましょう。

この年の四月にあなたは松山中学校から熊本の第五高等学校に転勤されます。その前に奈良に来られたのでしょうか。「十二神将」は新薬師寺の薬師如来の眷属としておまつりされている仏像だと存じます。

第三句の「大和路や紀の路へ」と詠まれているのは、大和の五条あたりの風景のようにも思えます。

あれやこれやと、あなたの大和路の旅について想像をめぐらしても、正直よくわかりません。無駄な詮索よりも、前回述べましたように正岡子規が明治二十八年の秋に奈良にお泊まりになったのと、あなたの来寧と何かつながるように思えます。しかし何かで得られた奈良の印象によって句作されたのでしょうか。でもお泊まりになった宿舎も特定できません。

墨の香や奈良の都の古梅園

これもあなたの句でございましたね。

敬具

拝啓　島崎藤村 様

西行上人に導かれ

大和は晩秋の候となりました。吉野の紅葉も人々を山歩きに誘いますが、あなたが吉野に漂泊の旅の足を止められたのは明治二十六年（一八九三）、二十二歳の春の頃でございました。桜の季節をお選びになったのでしょうが、むしろ西行上人の歌に導かれてお越しになったと拝察するのがよいのではないかと存じます。

教え子との恋に破れ、教職を投げ出して西国の旅に身をまかされました。いかにもあなたらしい青春彷徨をかいま見る思いがいたします。吉野については、「山家ものがたり」と「訪西行庵記」という随筆をお書きになり、「眼鏡」という少年向けの読み物にも吉野が登場してまいります。「山家ものがたり」の題名も西行上人の「山家集」からとられたのでしょう。この作品ではお花という娘に案内された西行庵で、女性たちに囲まれて酒を酌み交わしている西行上人に出会うという、幻想的な場面をお書きになりました。「わたくしは藤村と申しまする旅の者」、「わたくしは西行と申します

島崎藤村（1872～1943）詩人・作家

る浮気者といはれて……」と挨拶を交わされました。西行上人は盃を重ねるうちに酩酊状態となられ、やがて雨模様になりました。雨に打たれて桜の花が落ちはじめたのでございました。その時、西行上人の声がどこからとなくあなたの耳に入ってきました。

惜しまれぬ身だにも世にはあるものを　あなあやにくの花のこゝろや

「あやにく」とは、「あいにく」の意味でしょうが、無情の雨が降ってまいりました。あなたは、よろける西行上人の体を抱きとめようとされましたが、雨の中に上人のお姿が消え失せて一つの蝶が舞っていったということでございました。西行上人が蝶になってどこかへと飛び去る情景は、もしかしたら恋人のことを重ね合わされたのではないかと、私は勝手な想像をさせていただきたくなるのでございます。

あなたの西行上人への思いは「訪西行庵記」から伝わってまいります。少し、その一節を引用させていただきたく存じます。

「はらからの手に老いたる母を託して朝夕の孝養もおろそかになる身はたゞ山河風雪にたゞよひ、久しく戯曲を好んでたゞこの一節に瘠せ衰へたるものくるはしさ、今またこのところまで尋ね来たりてこの木像を拝するよし語れば、上人もまたわが想をあはれむに似たり……」

あなたのお泊まりになった旅宿は吉野山の「吉野温泉元湯」でございました。この宿には、あなたが滞在された部屋や調度品がそのまま残されているとのことでございます。

あなたと奈良とのご縁は春日大社の万葉植物園にもございます。海石榴市《つばいち》の歌垣で詠まれた万葉歌があなたの揮毫で銅板に刻まれ、三角形の自然石にはめ込まれています。

むらさき者《は》　灰さす毛《も》のそ　津者市之《つばいちの》　やそ之《の》ちま太尓《たに》　逢へる子や誰
たらちね之　母可《が》呼ふ名越《を》　申さめと　道ゆく人越《を》　誰と志里《しり》てか

藤村老人

昭和十三年（一九三八）、六十七歳の秋にお書きになったのですが、若々しいお気持ちが感じられます。

敬具

拝啓　森鴎外 様

奈良五十首

秋の正倉院展のにぎわいが、いつしか潮がひくように静まり、冬の奈良公園を散策する人も少なくなりました。

あなたと奈良のご縁については、よく知られていますように、帝室博物館総長兼図《ず》書頭《しょのかみ》の職務として、正倉院の開閉封に立ち会うために奈良にお見えになりました。年代で申しますと、大正七年（一九一八）から十年の四年間のことでございました。奈良での思いを歌に託され、大正十年一月の『明星』に「奈良五十首」として掲載なさいました。あなたの奈良への心配りがせつせつと感じられます。ここでは、平山城児氏の『鴎外「奈良五十首」の意味』（笠間書院、一九七五）を参照しながら、あなたの奈良を偲びたく存じます。

み倉守るわが目の前をまじり行く心ある人心なき人

森鴎外（1862 ～ 1922）作家・軍医

正倉院の宝物を拝観にきた人たちのなかに、礼儀もわきまえない者がいることに対する悲憤をあなたは、およみになられました。このような憤りの歌は他にもよんでおられますが、私は、あなたのお気持ちがよくわかります。近年の正倉院展にまいりましても、どこかで仕入れた「教養」を声高に連れの者に話している光景に出会います。奈良時代以降、火災にもあわず守られてきた正倉院に敬意をはらうべきだというのが、あなたの真意だとお察しします。

とこしへに奈良は汚さんものぞ無き雨さへ沙に沁みて消ゆれば

奈良を訪れた人の誰もが、御蓋山、若草山を背景に奈良公園の緑と興福寺の五重塔が織りなす風景に心が鎮まる思いがするものでございます。最近とみに、耳に入ってきますのは、奈良観光のあり方についての議論でございます。その内容が、奈良ブランドをつくることや交通事情の改善など、どこの観光地にでも通用する問題を抱えています。それらに加えて奈良の存在感は何なのでしょうか。私は、日本人の心のふるさととして奈良を知っていただく必要があると機会あるごとに語りかけております。

何がなんでも、あなたがうたわれたように、奈良は汚すわけにはいかないのでございます。

　現実の車たちまち我を率《い》て夢の都をはためき出でぬ

あなたがお乗りになった汽車が奈良という夢の都を出て行く瞬間をおよみになりました。奈良があなたの時代に現実ではない夢の都となってしまったというのでしょうか。あなたのお気持ちは、成金亡者たちが我が物顔をして闊歩していたとしても、日本人の心のたたずまいがあちこちに残っている夢のような土地とお感じになっていたと私には思えてならないのでございます。

敬具

拝啓　関野貞 様

平城京研究の父

平城宮址の桜の開花が待ち遠しく感じられる今日この頃でございます。

あなたは、帝国大学をご卒業になり、明治三十年（一八九七）に弱冠三十歳の新進気鋭の建築史家として奈良県の古社寺を調査する技師の職につかれました。古社寺の修復を任務とされながらも、あなたの関心は、平城京における古社寺の位置関係に向かいはじめました。

あなたは、奈良市の古市にあった藤堂藩奉行所の北浦定政の先駆的な研究を参考にしながら、「大黒の芝」と呼ばれていた小高い土地が、かつての大極殿の跡であることを確かめられました。精密な実地調査をもとになされた平城京復原の研究は、『平城京及大内裏考』としてまとめられ、東京帝国大学から工学博士を授与されました。あなたの研究成果は、その後、大筋においては修正されることなく、後世の研究者の道しるべとなりました。私は、あなたを「平城京研究の父」と呼ぶにふさわしいと思

関野貞（1867 ～ 1935）建築史家

っております。

あなたのご研究は、平城宮の保存運動にも発展いたしました。奈良の植木商、棚田嘉十郎さんは溝辺文四郎さんの賛意をえて、家産を傾け、失明しながらも積極的に保存のために命をかけられたのでございました。しかし、ご存じのことでしょうが、棚田嘉十郎さんは、史跡指定をまたずに割腹自殺をされました。くわしいご事情は存じあげませんが、平城宮保存に徒党を組まず、ほとんど一人で立ち向かわれた人がおられたことを、あなたの業績とともに私たちは忘れることはできません。

あなたのお人柄は、どなたも謹厳実直な方とおっしゃいます。今、私の手元には『関野博士追悼集』（『夢殿』十四冊別巻）がございます。あなたをお慕いした方々の惜別の文が綴られています。

あなたは、新潟県の出身でいらっしゃいましたが、同郷の高島未峰さんという方は、上品で高雅であったあなたの人となりを回想されています。あなたは、学生生活において、友人を呼ぶのに「何々君」とおっしゃらずに「何々さん」とお呼びになったことにも触れられています。

私の尊敬する古代史家岸俊男先生のご尊父熊吉さんは東京美術学校に在学中、あなたの建築史の講義をお受けになり、後に奈良県古社寺技師になられます。あなたが亡くなられる昭和十年のその年の六月にお二人は文部省でお会いになりました。あなたは七月に近畿地方に出張するので奈良でお目にかかりたいとおっしゃったのですが、後日、日程の都合で奈良には立ち寄れないという書状をお送りになり、熊吉さんが残念がられたようでありました。ところが、このご出張の折りに体調を崩され、東京にお帰りになって入院、間もなく不帰の客となられました。

平成二十二年（二〇一〇）に、奈良は平城遷都千三百年の記念行事が催されました。その百年前の明治四十三年（一九一〇）、遷都千二百年の節目の年に日韓併合がなされました。あなたは、その年に『朝鮮建築調査報告』を著しておられます。日本の古建築は朝鮮半島の文化的影響を受けていることを考えますと、当時、むずかしい両国間の政治関係の状況で、あなたはどのような思いで調査をされたのでしょうか。

敬具

拝啓　喜田貞吉 様

法隆寺再建論

五月になりましたが、近頃は鯉のぼりが泳いでいる風景は、ほとんど目にすることがございません。どこかに忘れた日本人の心を探してみたくなります。

私は、研究者の道を歩みはじめた頃からあなたを秘かに慕ってまいりました。あなたの歯に衣着せない鋭い言葉で論争に立ち向かわれる姿勢に痛快さをおぼえ、昨今の研究者が忘れてしまった孤高の精神を思うことがよくあります。

古代史の専門家で、かつ私の専攻である歴史地理学の学会組織を立ち上げられた先生は、何度も奈良にお運びくださいました。

論争の舞台の多くは奈良・大和でした。中でも、法隆寺再建・非再建論争において持論を曲げないあなたの颯爽とした態度に、新進気鋭の歴史学者の姿が彷彿として浮かび上がって参ります。この論争に口火を切られるきっかけが、なんといっても驚天動地でした。

喜田貞吉（1871 ～ 1939）歴史学者

あなたと同郷の阿波国出身の国学者、小杉榲邨《こすぎすぎむら》氏が、聖徳太子の創建された斑鳩寺(法隆寺)は『日本書紀』には天智朝に火災にあったと記されているので、現法隆寺は火災後に再建された建物であるはずだというのに対して建築史家たちから叩かれている、援軍を求むという知らせが届きました。

あなたは、その時、再建か非再建かはほとんど深くお考えにもならずに、あなたのお言葉を借りますと、あたかも弁護士のような立場で知人の見解を弁護するつもりで論陣を張られました。明治三十八年(一九〇五)三十四歳の頃に、この論争に関わる最初の論文を発表されました。

あなたの舌鋒はまことに鋭く、論拠は『日本書紀』に斑鳩寺焼失の記事があるではないかというその一点におかれ、非再建論を破壊的に攻撃されました。たしかに、弁護士として論争に参画されたというお気持ちはお察しできます。論争はますます過熱し、ついには立会い演説会まで開かれ、あなたも熱弁をふるわれましたが結着はつきませんでした。

やがて、昭和十四年(一九三九)に現法隆寺の南で若草伽藍と伝承されていた寺院跡が発掘されました。その伽藍の中軸線は西に約二十度ばかり傾いていて、現法隆寺の方位とは一致しませんでした。年代的にみても飛鳥時代だということで、この遺構をもって聖徳太子によって創建された斑鳩寺であると想定されるに至りました。これであなたの法隆寺再建説は、とりあえず認められたということになったのでございます。

『日本書紀』に記述されていますように、火災の痕跡も近年の発掘調査で確かめられました。しかしながら、非再建説が完全に否定されたかと申しますと、まだ検討しなければならない課題があるように私は思います。それは、非再建説の論者がお考えのように、若草伽藍とその後で建立された現法隆寺が併存し、天智朝に若草伽藍の区域のみ火災にあったと考えうる余地はあるようにも思うのでございます。年輪年代学などの新しい方法で、より詳しく研究されることを私は期待しています。

敬具

拝啓　吉田東伍 様

図書館卒業

大和の盆地の夏は、ことさら湿気が多く蒸し暑い日々が続きます。あなたがお生まれになり、青年時代を過ごされた越後の夏は、フェーン現象で耐えがたい高温になると聞いております。

あなたの評伝を書くために、上京されるまでお暮らしになった安田町（現在の新潟県阿賀野市）を幾度か訪ねました。町の中に「火除《ひよ》け上手」と呼ばれる土塁状のものがありましたが、フェーン現象などによる火災の被害をくい止める目的でつくられたようでありました。

あなたの名前は、膨大な『大日本地名辞書』の執筆者としてよく知られています。そのため、人は辞書の編纂者としてしか理解していないようでございますが、数多い著作から、明治の新しい歴史学に先駆的な道を切り開かれた功績にこそ注目されるべき方であると、私は精一杯あなたの生涯をたどらせていただきました。

吉田東伍（1864 ～ 1918）歴史地理学者

最後は早稲田大学で教鞭をとられました。ほとんど独学で図書館で研究され、読売新聞記者を経てついに文学博士となられますが、「図書館卒業」といってはばからなかったあなたの精神に、私はあこがれと敬愛の念をいだくのでございます。

読売新聞に入社された明治二十五年（一八九二）に、あなたは奈良に来られ、同紙の付録に「楢の葉日記」を連載されました。盆地の名所旧跡は、ほぼすべてを見てまわられたことは、「楢の葉日記」から知ることができます。その中で、あなたは、「倶楽部」について触れられています。

奈良に到着された四月の初めは、関西府県の物産を展示する「物産共進会」が開幕し、「倶楽部」で美術展覧会が催され、あわただしい雰囲気だったので、奈良の見物に先立ち、初瀬に向かわれます。そして、一通り奈良の南を観光した後、奈良に戻られ、「倶楽部」の展覧会に出かけられます。

「倶楽部」の建物は、新しくつくられた「楼屋」とお書きになっていますので、かなり大きな建物だったように想像いたします。「楼上楼下の列品、新古千点と号す、類別もなく紛然羅列し、如何にも骨董店に似たり」と記され、展示品の中で、あなたの関心を誘ったものについてはメモをとられています。

私は、この「倶楽部」に興味をもちました。手許にございます、この頃の「奈良名勝全図」を見ますと、たしかに「倶楽部」という表記と、木造の二階建てと思われる建物が描かれています。その場所は現在の奈良春日野国際フォーラム甍《いらか》（旧称奈良県新公会堂）のところです。旧称奈良県新公会堂は、以前からあった公会堂を新規に立て替えたもので、昭和六十三年（一九八八）に開かれたなら・シルクロード博覧会の海のシルクロード館でありました。

元々の公会堂の南二号館が、明治二十一年に第六十八・第三十四国立銀行の奈良支店の集会所としてつくられた「倶楽部」を明治三十三年に引き継いだのでございました。私も、おぼろげながらその古い公会堂の建物は記憶にございます。春日野国際フォーラムのエントランスホールには旧公会堂の模型も展示されています。

古い公会堂も歴史の潮流に無関係ではありませんでした。明治四十一年の陸軍特別大演習の折には、奈良大本営となり、明治天皇の御在所にもなりました。大正五年（一九一六）の神武天皇二千五百年式年祭には天皇・皇后両陛下の御宿所でもありました。今、平城遷都千三百年を経て、奈良の風景がどのように時代の動きをうつしだすのでしょうか。

敬具

拝啓　エルウィン・ベルツ様

奈良を愛したドイツ人医師

あなたは東京医学校（後に東京帝国大学医学部）で生理学を講義するために、明治九年（一八七六）に横浜の港にお着きになりました。その後、医学全般についても、ヨーロッパの進んだ研究をわが国に紹介されました。あなたを「近代日本医学の父」と敬愛してお呼びいたしますのも、あなたの貢献の偉大さによるものであることはいうまでもございません。

あなたの滞日生活の様子は、『ベルツの日記』からうかがうことができます。あなたは、こよなく日本を愛されました。明治三十七年四月には奈良をお訪ねになりました。あなたの日記からその部分を紹介しようとしても、とても紙幅が足りません。それにしても、こんなに奈良を愛していただいたことを、今日の奈良の人々に知っていただきたいと切に思います。

「奈良公園は、日本で一番美しい公園だと思う、日光よりも好きだ」「あふれんばか

エルウィン・ベルツ（1849～1913）医学者

りのサクラの花と、紫のフジが到るところで手招きしているとき——およそ地上に、これ以上理想的の平和な風景はあり得ない」

斑鳩の里にお出でになったときに、偶然、北畠治房《はるふさ》（一八三三—一九二一年）氏にお会いになりました。氏は天誅組の大和での挙兵にも参加され、大隈重信と行動を共にされました。司法界でも要職を歴任し、明治二十九年に第一線から退かれて郷里の法隆寺村に隠棲されていました。あなたが北畠氏とお会いになったのは、その頃でございました。北畠氏の案内で、一般の人には公開されていない寺院の秘宝に接する機会にもめぐまれたということでございました。

あなたは、奈良帝室博物館で一人の写真師に出会われました。その写真師のところでたくさんの写真をお求めになり、その家の美しい娘に乞われて診察をなさったのでございました。父親の写真師は、飾り気のない一本調子のお方だとあなたは日記にお書きになっています。

数日後、写真師と東大寺の戒壇院をお訪ねになり、さらに古い仏像の修理場にお運びになったのでございます。おそらく、その場所は岡倉天心の弟子らがお開きになった美術院だと察せられます。東大寺の勧学院にございました。

この写真師は工藤利三郎氏とのことでございます。猿沢池のほとりに写真館を営んでおられましたが、仏像写真の草分けといわれ、あなたが受けられた印象の通り、一風変わった人物で酒好きでありました。お会いになった美しい娘さんはコトノさんというお名前でした。

あなたのお宿は菊水楼でございましたが、「部屋の窓から公園、寺院、山野をながめて楽しめるが、この景色はいくらながめても見飽きがしない」ともお書きになっています。奈良の旅であなたの心がみたされなかったのは、奥様のハナ様とご一緒できなかったことでございました。

奥様は自然を解し美術、古蹟にも深い造詣をお持ちになっていました。軍隊の輸送で旅行が容易でないために奥様とご一緒にお越しになれなかったとのことですが、「奈良は妻におあつらえ向きの土地」なので「ぜひ一度、妻と一週間を当地で過ごそう、今からそれが楽しみだ」と、名残の気持ちを秘めながら東京にお帰りになりました。

あなたの奈良での感動を、世界の人々に伝えねばならないという責務のようなものに駆られる昨今でございます。

敬具

拝啓　會津八一様

奈良の風光と美術を酷愛

あなたが奈良にとってかけがえのない方であることはよく知られています。心の底から奈良を愛してくださいました。奈良をお詠みになった多くの歌のどれをとりあげて、私の感動をお伝えしたらよいか心は迷います。

はじめて奈良にお越しになったのは二十八歳、明治四十一年（一九〇八）八月の頃でございました。さぞかし蒸し暑い奈良を実感されたことと存じます。

あなたの奈良への旅に傷心の影が漂います。明治三十九年、早稲田大学を卒業して郷里の新潟県中頸城郡の学校に英語の教師として勤務されます。その前後だということでございますが、ある美しい女性に恋心をもたれたとのことでした。美人画のモデルにもなられた評判の美女でした。しかし、彼女への愛は、はかない片思いであったのでしょうか。

悲しい心を癒すために、あなたは奈良に来られました。その奈良の風景との出会い

會津八一（1881～1956）歌人

が、あなたの人生を創ったといってもよろしいのではないでしょうか。この時にお作りになった作品の若干が第一歌集『南京新唱』に収められました。その自序に「われ奈良の風光と美術とを酷愛して、其間に徘徊することすでにいく度ぞ。遂に或は骨をここに埋《うづ》めんとさへおもへり。ここにして詠じたる歌は、吾ながらに心ゆくばかりなり」とお書きになっています。

昭和二十八年にお出しになられた『自註鹿鳴集』には、あなたの二十六歳から六十歳までの歌が集められていますが、その中の『南京新唱』の扉に「南京」についての説明をなさっています。「南京・なんきやう。ここにては奈良を指《さ》していへり。『南都』といふに等し。……『ナンキン』とは読むべきにあらず」と。冒頭の一首をあげさせていただきます。

かすがのに　おしてるつきの　ほがらかに　あきのゆふべと　なりにけるかも

この歌の碑は春日大社の万葉植物園にございます。

大正二年（一九一三）に推されて早稲田中学の教頭の職につかれました。ところが校内に名誉欲と権力欲のとりこのような人物がいてあなたにいやがらせをくりかえしたのでございました。どこの世界にもよくいる器量の小さな人物でしょうが、あなたは愚かな輩たちから逃れるために教頭の職を投げ捨てて、失恋の痛手を癒してくれた奈良に再びお見えになりました。この時の旅は奈良から中国地方、九州へと六カ月にも及びました。心の傷がいかに大きかったかをお察しいたします。

その後も奈良をお訪ねになり、仏像写真家の草分けといわれる飛鳥園の小川晴暘氏と親交を結ばれ、日吉館を定宿として大和の風景を高らかにうたわれました。日吉館の看板は、あなたがお書きになったとのことでございます。

　　奈良の宿にて

をじかなく　ふるきみやこの　さむきよを　いへはおもはず　いにしへおもふに

この歌に次のような自註をおつけになっておられます。

奈良の宿・作者は明治四十一年（1908）の第一遊には、東大寺転害門《てがいもん》外の「対山楼」といふに宿れしも、その後は登大路《のぼりおほぢ》町《まち》の「日吉館」を常宿とす。

いへは・我が家は。

あなたは奈良で歌を詠まれただけではございませんでした。大正十二年に奈良美術研究会を創立され、昭和四年（一九二九）には考古学者濱田青陵氏らとともに飛鳥園から『東洋美術』をお出しになりました。早稲田大学の教授になられて奈良美術史の講義もなさいました。

今の奈良があなたからいただいた情熱を引き継がねばならないのに、不思議なほどに市民らは冷めているようで、私はいらだたしく感じる時もございます。

敬具

拝啓　幸田露伴 様

葛城から吉野をめぐる

今、奈良は冬ごもりの季節です。と申しましても、この頃は雪も少なくなりました。奈良に生まれ育った私は、奈良の冬が好きでございます。万物枯れた世界に、歴史の役割を終えた古代の精神が鎮まっているかのように思えるのでございます。

あなたの奈良・大和を素材にされた作品に『二日物語』がございます。「二日」とあるのは、「此の一日」と「彼の一日」と二部構成のようになさったのですが、「彼の一日」で、長谷寺で、西行法師が別れた妻に出会い、妻とおなじく娘も仏の道に入ったいきさつを語られたのでございました。

「端然として合掌せる二人の姿を浮ぶが如くに御堂の闇の中に照らし出《いだ》しぬ」と月の光の差し入る情景で、家を捨てた西行法師の胸の内を描く物語を終えられたのでございました。

あなたは、奈良・大和をお訪ねいただいたことを、『六十日記第六』に書き留め

幸田露伴（1867 ~ 1947）小説家

ておられます。明治四十四年（一九一一）の十一月の頃でございました。あなたは四十五歳でしたが、悲しいことに、その前の年に奥様がお亡くなりになったということでございます。その折の旅の道筋を追ってみますと、笠置から奈良、そして神武天皇陵、橿原神宮、久米寺、宣化天皇陵から王寺へといらっしゃいました。そこから竜田、平群を経て暗峠《くらがり》を通って鬼取《おにとり》（生駒市）に向かわれました。

あなたの目的の一つは鶴林寺にお寄りになることでございました。ところが無住ということで、留守番役の老婆の案内で寺の世話人の方にお会いになられました。あなたは、修験道の開祖、役小角《えんのおづぬ》に関心をおもちのようで、「小角こゝに在りて二鬼を降したりといふの談も考へ合すべし。……即ち知るべし、小角以前既に寺ありしことを」と書かれています。

再び王寺に出られて、汽車で下田にお着きになります。一泊されてさらに高田より御所へと旅路をお進みになられました。ちょうど名産の柿の実る季節でございました。店々には、「紅顆累々《こうかるいるい》たり」と記されておられます。そして次の目的である茅原寺に来られました。「境内さまで広からず、椋榎《むくえのき》の大木、梢あらわに落葉して、藤のいと古きがかゝれる、荒涼のけしき也」と風景を描いておられます。

行者堂で小角自作の像をご覧になりましたが、余り興を引かれたご様子ではありませんでした。その後、葛城あたりをあちこち遊ばれて吉野を目指されました。銅の鳥居の近くにあった辰巳屋という旅宿で旅のつかれをお休めになりました。

よし野山　花なき折に見ておかむ　来む日の春は　目もまよふかに

花のない吉野を見ておかないと、いつか春に訪ねたら花に目が迷うかもしれないとお詠いになりました。

吉野山あたりの見どころをめぐられましたが、山がちのところをお歩きになったせいで、ふと文明についてお考えになられたのでございます。「文明の恩恵は少からぬにあらねど、畢竟《ひっきょう》文明といふも玩具と奢侈品との鼬競《いたち》鼠ごっこに過ぎずして、人間の高慢心の上に課せられたる税の金を以て、悪魔王の肆《し》より珍玩を買ひ居るが如きのみ」と。ですが、今日、ますます文明が肥大化し、私たちは温暖化などのしっぺ返しをうけているのでございます。

こうして一週間ばかり大和の旅を終えられてお帰りになられましたが、大和については、あなたのお嬢さんのことを申し上げねばなりません。あなたの名作『五重塔』がお嬢さんの文《あや》さんにのりうつったのでしょうか、昭和十九年（一九四四）に落雷によって焼失した斑鳩・法輪寺の三重塔再建に奔走されました。そして昭和五十年（一九七五）に西岡常一棟梁によって見事によみがえりました。
ところが、あなたの作品になった東京・谷中の五重塔は、心中事件のとばっちりをうけて昭和三十二年に焼け落ちたということでございます。文さんは、塔の燃えるさまを目撃されました。あなたの作品を思い、さぞかし心痛められたこととお察しいたします。

敬具

拝啓　中江兆民 様

川、湖への厳しいまなざし

奈良の春は、月ヶ瀬の梅の香りとともにおとずれてまいります。

あなたが奈良にお越しいただいたのは、明治二十一年（一八八八）三月の初めの頃でございました。フランス語を学ばれたこともあって、ルソーの『社会契約論』を漢文訳され注解をつけられました。明治にあって、自由の原理、人民主権、社会契約説を唱えられて自由民権運動の理論的支えの役割をなされるなど先見的なお考えを主張されました。

奈良をお訪ねいただいた前年でございましたが、第一次伊藤内閣の井上馨外相が、内地を解放し外国人の判事を任用するなどの新条約案をまとめました。外国人の判事が日本で異国の人の犯罪を裁くことができるというのは、いかにも屈辱的でありました。それに反対する人々が外交失策の挽回とともに地租の軽減、言論集会の自由を要望する、いわゆる「三大事件建白書」を元老院に提出され、あなたもそれに関わられ

中江兆民（1847 ～ 1901）思想家

たとのことでございました。

ところが、政府は保安条例を公布。関係者を皇居から三里以遠に追放するという規定があなたにも適用され、二年間の東京追放となられたのでございました。

そこで、あなたは大阪に来られ、翌明治二十一年に創刊された『東雲新聞』の主筆として活発な言論を展開されました。大阪におられたわけですから、さほど遠くない奈良に、これまで来られたことがないということもあって、お遊びになりたいとお思いになったのでございましょう。その時の紀行が「奈良紀游」でございました。

ご自宅で二人の友人と酒食され、人力車で大和川に沿って郡山に向かわれました。「東に赴《おもむ》く山形水容《さんけいすいよう》何と無く王叔明《おうしゅくめい》の横幀中に在りそうに見ゆ」と書かれています。大和川に沿って目の当たりにされる風景が、元代の山水画の第一人者王叔明の画幅にありそうだとおっしゃいました。

竜田川をながめられて、紅葉の名所のゆえに「竜田の川の錦なり鳧《けり》」と詠まれたにもかかわらず「水は一滴も無く底床《ていせう》には塵埃堆積《じんあいたいせき》し両岸に楓樹《ふうじゅ》有るも別に古樹《こじゅ》とも見えず」と厳しい目を向けられています。そのようなご指摘をいただきますと、日本人は明治の頃でも河川の環境にほとんど無頓着だったように思えてなりません。

その日は郡山に一泊され、翌朝、知人がかつて住んでいた桐山《きりやま》に行かれます。桐山とは、今日の山添村の一集落でございますが、道中「行人酔を買う和州路　満野東風にして黄菜花」という句を想い起こすには、まだ時候が早かったとお書きになっておられます。

奈良では「三笠山の円滑《えんこつ》なる」、「大仏の宏大なる」、「春日野の鹿」、「南円堂の藤」はすべてよいが、「猿沢の池は周囲石にて築きたる処いかにも俗悪なり、且水面一茎《いっけい》も水草《すいそう》無し」と、苦言を呈されました。竜田川のことと同様、あなたは、自然の風景にことのほか強い関心をお持ちになっていたことがうかがえるのでございます。

旅に出られることは、あなたにとって日常の言論活動からの解放であるとおっしゃっています。

この日に再び郡山にお帰りになって一泊なされました。奈良から郡山への道中で吹雪にあわれました。その時、かつてサンフランシスコからニューヨークに行かれた時に、大雪によって鉄道が止まり、食べるものがなく、お腹をすかして一里ほど離れたところへと肉料理を求められ、指と耳が寒さのために凍傷になられたのを追憶されたのでございました。

このアメリカでの思い出は、あなたの希望を汲んでフランス留学を命ぜられ岩倉具視全権大使らに同行された際のことでございます。一行は、まずアメリカに渡りその後ヨーロッパに至るという旅程でした。

あなたの闊達なご活躍をされて以来、およそ百二十年余りの年月を経ましたが、現代日本の政治が必ずしも成熟していないのを見るにつけ、もどかしさを覚えてしまうのでございます。

敬具

拝啓　与謝野晶子 様

当麻寺についての誤謬

灼熱の太陽をあおぎながら、あなたの奔放な熱情が私にもあればと、あこがれの念が胸の中に沸き上がるのをおぼえることがございます。文芸に身を捧げられつつも、激しい恋に身を焦がし、社会にひるむことなく正義をとなえられ、教育に真正面に向かわれたあなたの生きざまから、今日の日本がもっと触発されねばと自省の念にかられるのでございます。日本があらゆる面で骨抜きになりつつあることさえ気付いていない人が少なくない現状を痛感いたします。

あなたが日露戦争の際に旅順口におられた弟さんのことを嘆いて詠まれた「あゝをとうとよ、君を泣く、君死にたまふことなかれ……」の歌は、非戦詩といわれましたが、今日の世界の険悪な情勢にも力強いメッセージをおくるものと私には思えるのでございます。

あなたの大和への思いは『畿内見物』（大和の巻）（明治四十四年、金尾文淵堂）に薄

与謝野晶子（1878 ～ 1942）歌人

田泣菫らの文章とともに収められています。大和各地にお運びのようで、吉野、初瀬、奈良、法隆寺、塔の峯（多武峰）、当麻寺についてお書きになっておられます。入江春行氏の「与謝野晶子と大和」（『青須我波良』三二号、一九八六年）には、あなたと大和のつながりを詳しく考証されています。氏の文章を参考にさせていただきながら、拙文を綴っております。

吉野の文によりますと、妹様とご一緒にお訪ねになられたと書かれています。旅宿の竹林院でつぎのような歌をお詠みになられたのでございました。

君に文書《ふみ》かんと借りしみよし野の竹林院《ちくりんいん》の大硯《おほすずり》かな

入江氏によりますと、あなたがかつて吉野に遊ばれたのは明治三十三年で、乳母を伴ってお越しになったということでございます。そういたしますと、三人でお見えになられたのでしょうか。あるいは、妹様と吉野に来られたのは、さらに以前のことでございましょうか。歌にございます「君」とはどなたのことでしょうかと、いろいろ疑問がわいてまいります。明治三十四年（一九〇一）に鉄幹様とご結婚されていますから、「君」とはその方だと思うのでございますが、鉄幹様以前に、河野鉄南氏という方と恋仲であったそうですので、私には、それ以上のことはわかりかねるのでございます。所詮それは、げすの勘繰りというものでございましょう。

当麻寺へは、もともとお参りする気持ちにならなかったご様子でしたが、汽車の窓から二上山をながめて万葉歌を思い出され、にわかにその山の麓の土を踏みたくなられたということでございます。王寺駅で下車され人力車で当麻寺にかけつけられました。その時の印象の一つとして「本坊の後の山にある赤い塔は近頃の建造で何の趣もないのに失望した。わたしは太（当）麻寺へは行かなくてもよい。二上山と一つの塔とを遥かに望んで置けば十分だと今でも思っている」とお書きになりました。

以下も入江氏の論考によるのですが、この文章を読み、当麻寺はあなたに対して事実とは異なるという趣旨の書状を住職名で送りました。当麻寺の塔は天平時代の創建になるもので、あなたがご覧になったのは修理直後のものでございました。

あなたは早速詫び状を当時の住職松村実照師あてにお送りなさいました。

「啓上　御高文を御恵み下され、いろいろ御教示を頂き忝けなく存じます。私は建築も何も知らぬその方には全く無教育の女ですから、十余年前に書きました感想が仰せの通り誤謬だらけであったと存じます。書肆がまだあんな古い書物を売ってゐるのは迷惑です。機会がありましたら、あの一文は止めさせます。

謹んでご教示の御高恩を御礼申し上げます。

なを以後の御交誼を願ひます　早々拝具　与謝野晶子
松村先生　　おもとに」

日付は大正十一年三月二十一日でございました。あなたのご謙虚なお人柄を偲ばせていただきました。

敬具

拝啓　林芙美子 様

考古学者森本六爾氏とパリで

あなたのお名前を知ったのは、おそらく私が小学校の三年生の頃ではないかと存じます。あなたは「めし」という小説を新聞に連載されていましたが、完結する前に急逝されました。小学生の私が、あなたの作品を読んでいたわけではございません。しばらくして未完の小説が映画化されることになりました。私は、母親につれられて田舎の映画館で「めし」を見たのですが、正直言って、ストーリーなどは理解できなかったはずです。だけど、ラストシーンで原節子さんが列車の窓から手紙のようなものを細かく破ってすてる場面だけが、今も浮かんでくるのでございます。

そして最近、あなたと二度目の出会いの機会がございました。それは奈良県立図書情報館で、私が日本考古学の黎明期に活躍した奈良県桜井市出身の森本六爾氏の話をしたのがきっかけでございます。森本氏の短い人生のひととき、あなたは森本氏とパリでお会いになられました。そのことについては、かねてよりよく知られてい

林芙美子（1903 ～ 1951）小説家

たのでございますが、今川英子氏が編まれました『林芙美子　巴里の恋』（中公文庫、二〇〇四年）で詳しく紹介されていますので、それを参考にさせていただきながら筆をとらせていただきます。

あなたの日記風の「巴里の小遣ひ帳」を少し拝見させていただきます。一九三一年十一月二十三日に列車でモスクワを経由してパリ北駅にお着きになります。十二月二十六日「夕方顔氏森本氏達と支那めしをたべ、サンミツシエルを散歩する。」十二月二十七日「ひるは那波先生森本、顔氏など、大学食堂で御ちそうになる。」十二月二十九日「朝森本氏田島氏等と、ミユゼギメーに行く、……」翌年の一月四日の支出として「グラス森本氏に」として三フラン出費されたことをお書きになっています。

一月五日消印の、あなたから森本六爾氏宛の便箋二枚の手紙には田島氏と一緒に招待したい旨と、仕事ができないことをお書きになり、二枚目には押し花が添えられました。あなたが森本氏に好意をもっておられたとお察しします。

今川氏編の前掲の書には、「一九三二年の日記」も詳しい注をつけて収められています。その日記をたどってまいりますと、雲行きがあやしくなってきたようでございます。

一月七日「とても朝早く森本氏来訪、何の事だと思ったら昨夜のろけを云って済まないと云う事だった……。　私が好きで仕用がないのだと云う事だ。へえ！　こんなやぶれた女がね。」

一月八日「朝森本氏来訪ます〳〵不快だ。女のくさったみたいだ。……（夜）八時すぎ、また森本氏来訪、此男とは絶交する必要がある。本当はいゝひとなのだろうが、学者にはどうも、精神的ケッカン者が多い。」

一月十一日「森本氏よりリラの花がとゞけてあった。こんな事をする男はよけい厭だ。」

森本氏のことが直接の原因ではないようですが、パリでの生活になじめず、仕事にも集中できないので、あなたはしばらくイギリスに旅されることになり、一方、森本氏は肺患が思わしくなく帰国を決意されました。

あなたの、森本氏に向けられた気持ちが、まるで逆転したかのようになるいきさつは、私なりに想像させていただきますがお許しください。あなたには、日本に夫をおいたままパリに来られ、執筆に気が向かない不満による鬱積がありました。にもかかわらず、異国の地で妻からの仕送りで暮らしながらも病に冒され、所期の目的を十分に果たせない不安な心の癒やしをあなたに託そうとする森本氏の存在そのものが不快感を催したのでしょう。

それは、異国での二人の間に起こったエピソードではなかったかと私は思うのでございます。あなたは帰国されてから、森本氏を食事にお誘いになっておられますから、お二人の気持ちに通じ合うものがあったのではないかと憶測するのでございます。戦後、森本氏もミツギ夫人もこの世を去られたことも知らず、あなたは奈良にお見えになります。

志賀氏のお宅へもお寄りして見たかったが、町を歩いていたら変に気が変ってしまって、それも止めた。町裏には骨董屋があって、朱の油壺などが眼に止った。刀の鍔や、小刀などを見ていると、倫敦の博物館に、考古学者の森本氏とよく見物に行った事を思い出した。奈良の方だとは聞いていたが、今ではお住まいも失念してしまっている。鏡（鑑）さんと云う坊ちゃんがいらっしゃると聞いていたが、平和な御生活なのだろう（『早春』）。

パリでのあなたと森本氏の複雑な感情の行き交いの余韻が、奈良の町に漂います。

敬具

拝啓　ウイリアム・ゴーランド 様

測量と写真撮影による古墳調査

あなたがイギリスから日本に来られたのは、明治五年（一八七二）、三十歳の時でございました。あなたは青年技術者として、極東の国を知りたいという、おそらく好奇心に後押しされながら、遠路やってこられた日本は、まさに「革命」を経て新しい時代がはじまったばかりの頃でございました。いわゆる「お雇い外国人」として、大阪の帝国造幣寮（後に造幣局と改称）で貨幣の鋳造の指導にあたられました。ご専門は化学でしたが、美術や登山、ボートそして考古学にもご関心をもっておられました。

あなたのことを、「日本考古学の父」と呼んで、後学の人々が敬愛してやまないのは、測量と写真撮影による科学的な考古学の研究法を先駆的に提示されたからでございます。

あなたは、とりわけ古墳に興味をもたれ、近畿地方はもちろん、関東から九州に足跡がおよびました。

ウイリアム・ゴーランド（1842 ～ 1922）化学技師

いつ頃から、仕事の合間に古墳の調査にでかけられたかは、はっきりした年代では存じ上げません。明治九年に富田林にでかけられたという記録がございますので、その頃から大阪周辺に点在する古墳をたずね歩かれたように存じます。

大和の多くの古墳をお調べになっていますが、神武天皇陵に、科学者としての目を向けて、史実性に疑問をはさんでおられます。今から、ふりかえりますと、「大日本帝国」がはじまって間もない時に、天皇陵について考察することは、たいへんむずかしい状況でありました。ですから、あなたが各地の古墳を調査されている頃に、天皇陵とみられるものには、垣がめぐらされ、近づけない古墳もあったようでございます。

今日の橿原市の丸山古墳は、宮内庁が後円部を陵墓参考地としていますので、石室内には入ることは禁じられています。ところがあなたが調査におもむかれた時は、陵墓参考地ではなかったので、墳丘も自由に計測できましたし、石室内に入ることも可能でした。ところが、この古墳をたずねられたときは、いつも石室内に水がたまっていて石棺を実測できませんでした。たいへん残念なことでございましたが、ふたつの石棺が安置されていることは、確かめておられます。そして、天武・持統天皇陵とする当時の通説に対して、それよりも早い時代のものとする自説を提示されておられます。近年では被葬者を欽明天皇とその妃、堅塩媛《きたしひめ》ではないかとする説もあるとおりで、あなたの眼光の鋭さを知ることができるのでございます。

　あなたの大和における古墳調査は、何よりも古代の天皇制の実態、さらに、明治という時代の王政復古へのつながりを知ることでございました。

　あなたと、古代についての関心を共有できるイギリスから来た友人が日本に滞在していたのもあなたにとって好都合なことでございました。その一人は外交官のアストンで、『日本書紀』の翻訳を滞日中にはじめていました。同じく外交官のアーネスト・サトウ、また、『古事記』を英訳した東京帝国大学講師のチェンバレンとも書簡を交換されています。

　あなたは、明治二十一年にイギリスに帰国されます。滞英中の、和歌山県田辺市出身の大博物学者、南方熊楠《みなかたくまぐす》に、次のように語りかけられたそうでございます。

「日本には薄弱なる文筆上の調査のみにて、諸帝の御陵を定め、その余をば一向に構わず、これ大なる間違いにて、実はたゞいままで御陵と定まらぬものの中に、はなはだ立派なる御陵らしきもの多し」と。

敬具

（参考文献）責任編集ヴィクター・ハリス／後藤和雄『ガウランド日本考古学の父』朝日新聞社、二〇〇三年

拝啓　西条八十様

つれなきひとを思はんや

奈良には、晩秋の寂しさが漂っています。でも、華麗な天平の風景を想うには、むしろこの寂しさこそがふさわしいのではないでしょうか。

明治四十三年（一九一〇）の春から一年間、あなたは、奈良に滞在されました。お姉様の兼子さんご夫婦が奈良にお住まいだったというご縁でお越しになりました。十八〜十九歳にかけての多感な青年時代の真っ只中のことでございました。

東京から奈良に来られるには、よほどのご事情がおありだったはずです。そのことを、ご著書『詩の味ひ方』（交蘭社、一九二五年、六版）にそれとなくお書きになっておられます。

奈良での日記に「さみしとてつれなきひとを思はんや、つれなきひとを、あはれ蜩《ひぐらし》」という歌を記されました。望郷の念にかられて詠まれたとのことですが、蜩の鳴き声に、「私の都落ちの動機となった或る人のことなどが一斉に懐かしくおもひ出

西条八十（1892 〜 1970）詩人

されました」と、ご著書にあります。「つれなきひと」とは、思いがかなわなかった女性のことでしょうか。

奈良でのお住まいは、南郊の古市でしたが、聖公会の教会に夜間の英語学校があり、毎夜お通いになりました。今も、東向通りを南に行くと東側の高台に木造建築の聖公会の教会を目にすることができます。そこを通りますと、時折長い石段を降りてくるあどけない幼稚園児に出会い、こころなごむ思いがいたします。

あなたが英語を教わったのは、キンポールという老齢の女性宣教師の方だということを知り、ふと、ある思いが私の胸をよぎりました。実は、私の中学時代の恩師で考古学者伊達宗泰先生のお母さんが布教師としてこの教会にお通いになっておられたのですが、おそらく、キンポール師の影響をお受けになったのではないかと想像します。でも、年齢からみて、あなたとの出会いはなかったのではないかと存じます。

あなたが、奈良で淡い恋心をおもちになったのは、英語を習っておられたとき、いつも隣に座っておられた色の浅黒い美しい女性でございました。川崎可縫《かぬい》さんというお方でしたが、可縫さんとは、めずらしいお名前でございますね。

奈良在住の詩人北村信昭氏が、あなたにお送りになった書状に可縫さんのことを記されました。あなたからのご返事の一部をご紹介させていただきます。

「……当時川崎さんのうちへ行きフランス語の上手な可縫さんの明眸《めいぼう》は私の幼い恋ごころをふかく揺ぶったものでした。……それにしてもあの方がそんなおそろしい不幸にお逢いになったのは、たまらなくいたましい気がします。……」

可縫さんのご不幸とは、戦後、ご主人が陸軍大将としての責任を負わねばならなかったためでございました。

あなたの「一九二八年の春奈良にて」という詩を拝読いたしました。

「わたしは千の詩を書いた、けれど、わたしが好んで吟むのはこの短い一つの詩だけだ、わたしの千の詩を読者たちは諳《そらん》じてゐる、けれど作者がかくばかり愛したこの短い詩は死後でも知るまい、……」（『美しき喪失』神谷書店、一九二九年）

正直に申しまして、この思わせぶりな表現には、閉口いたしました。一九二八年、つまり昭和三年のことでございます。すでに三十も半ばを過ぎておられたのですが、あなたは奈良に旅人としてお見えになりました。

誠に失礼とは存じますが、私の憶測をお許し下さい。私は拝読しておりませんが、昭和六年の『婦人公論』にあなたは奈良の秋にふれた随筆をお書きになり、そこに可縫さんのこともでているとのことでございます。さらに、可縫さんは、その頃奈良におられたということでございます。私の憶測があたっていないとしとても、あなたが愛した詩は、可縫さんの面影を偲ぶものであってほしいと身勝手に思い込みたくなります。もう少し余裕ができれば、あなたの詩の謎をときあかすこともできるのではないかと存じますが、今回は、不躾な憶測として何とぞお許し下さい。　　敬具

（参考文献）北村信昭「西条八十氏と奈良」『大和百年の歩み　文化編』大和タイムス社、一九七一年

拝啓　滝井孝作 様

三月に降る雪

身体の芯から冷える奈良の冬は、すべてのものが凍りつき、微動だにしないような雰囲気が漂います。でも、そのことが人を凛とさせるように存じます。

あなたが、師事されていた志賀直哉氏にしたがって奈良にお見えになったのは、大正十四年（一九二五）、三十一歳の頃でした。すでに、文学作品を世に出しておられましたが、雑誌『改造』の文芸記者として、『暗夜行路』の原稿を介して、志賀直哉氏とご懇意になられて以来のおつきあいだとお聞きしております。お住まいは、新薬師寺のあたりでございました。「新薬師寺の本尊」という随筆にお書きになっておられます。

私は、以前に五年間程、奈良の上高畑に住んでゐました。上高畑の丹阪といふ阪の上に、高い石垣のある屋敷で、その住居の裏手は、柿畑を隔て、新薬師寺の金

滝井孝作（1894 ～ 1984）詩人

堂と背中合せの恰好でした。その時分、この新薬師寺の境内あたりも、よく散歩したりして、私はその都度、金堂の扉の格子の隙から、堂内の群像を覗いたものでした。

その新薬師寺の奈良時代の伽藍跡が、最近、奈良教育大学のキャンパスから発掘されたのでございます。もともとの金堂の遺構ではないかと想定されているのですが、正面の幅が、東大寺の金堂と同じぐらいの大きさで、人々を驚かせました。聖武天皇の病気をいやすため、光明皇后が建立されたのでございますが、なぜ、こんなに大きいのかと、みなさんの疑問でありましたが、私は「大きいものは大きいのだ」といったことに、同意してくれた知人がいました。光明皇后の力量などを考えるべきなのでしょうけれども、早急に結論などだせるわけはないのですから、「大きいものは大きいのだ」としか、今のところいいようがございません。

作家の島村利正氏によりますと、あなたは、寡黙な方でいらっしゃいました。志賀直哉氏とお会いになって、あなたが黙っておられるから、二人は一時間も話しをされなかったとのことでございます。あるいは、志賀氏と二人で奈良公園を歩いて、どちらもお喋りにならず、さらに二人とも早足なので歩きながら次第に殺気だったと、志賀氏がおっしゃったということでございます（全集第一巻月報）。
奈良が冬から春へと、ゆっくりと移りゆくとき、東大寺のお水取りが春のおとずれをつげると奈良のものは、申しますが、あなたも奈良でお過ごしになりましたから、そのことをよくご存じであることは、お書きになった文章などによって知ることができます。三月の初め頃の奈良の雪をあなたは、次のように描写されています。

三月時分、ひるまはよいお天気でも夜分急に冷えこんで房々と雪がふつて来たりする。三月に入り雪の降る例は奈良では度々だ。雪がふると翌日はあたゝかいよい天気で雪解け、そしてまた夜分には降り翌日解ける。こんな工合に繰返し乍らいつか春も半ばになる例だ。此の雪の朝明けに、東の方の春日山高円山に向つて眺めると、斑らに春の雪被つた木立々々のボタボタ白いものの崩れて乱れておちるけしきは実に美しい。午後には、山に暖い日が当つて美しかつた雪はガッカリする程減り常盤木の森の上は湯気のように煙る。庭の生垣の樫の葉の上に水浸つた雪がのつていたりする。庭面の雪げの潦《にわたずみ》もかげろうして、軒の空にはまぶしい日光の漲《みなぎ》りがみえる。

鶯の雪ふみおとす垣穂かな　伊賀一桐

と猿蓑集の俳句やら、万葉集の歌人などの大和の国の春の雪を詠んだ歌のたくさん有る例など思出して、昔も今も此の辺の気分にかわりがないのだと思ったりした（滝井孝作編『大和路』宝文館、一九五九年）。

春をつげる雪の思い出は、私にもございますが、近年は、温暖化の影響でしょうか、ほとんど降ることはございません。それでも、奈良の桜がまちどおしい気持ちがしきりでございます。佐保川べりの、桜並木を散策しながら、私は、薄らいでしまった青春の記憶をよみがえらしたく存じています。

敬具

拝啓　ブルーノ・タウト様

奈良の範に倣ってこそ

奈良の春をいろどる桜は、日本のどの地方の桜よりも、華やかな風光を感じさせるものでございます。何と申しましても、「咲く花のにおうがごとく」と歌われた平城京よりこの方、この国の春の原風景をつくってきたのでございますから。

あなたは、母国ドイツでナチスから追われ、スイスそしてシベリア経由で昭和八年（一九三三）五月三日に敦賀にお着きになり、亡命されました。この年は、一九二九年におこった世界恐慌の影響がドイツに及んでいた頃でもございました。今、世界を襲っている不況とよく似た社会情勢であったとお察しいたします。

あなたは、上陸されたその翌日に京都の桂離宮をお訪ねになり、その建築に大変な思い入れをされましたが、奈良の古建築のある風景にも絶賛と申し上げてよいほどのことばをかけていただきました。そのおことばの数々をかみしめながら、あらためて奈良・大和に住む人間としての責務のようなものを感じるのでございます。

ブルーノ・タウト（1880～1938）建築家

最初に奈良にお見えになったのは、その年の五月八日でございます。ほとんど旅の疲れを落とす間もなかったようでございます。正直申しまして、このあわただしさに何かあなたの身に迫る危機感のようなものを思いいだくのでございます。

あなたの日記を開けさせていただきます。

一九三三年五月八日

下村、上野両氏と自動車で奈良へ。奈良は日本文化の最古の首都。……清潔な農家、町の家々、子供、目、女達——何といふ美しい顔立であらう。……。（春日大社の）神楽殿を見る、建築、灯籠、樹木（熱帯性のものもある）、階段、傾斜等のこの上もない調和、建築術的に見て繊巧の極致、一遍で把握することは不可能だ。

文中の下村氏とは大丸の社長、上野氏は日本インターナショナル建築会の方で、あなたを日本で引き受けるのにご尽力された方々でございました。

二度めに奈良にお見えになったのは、同年の十月の初旬の頃でありました。再び、日記帳を拝見したく存じます。

一九三三年十月九日
……自動車で奈良ホテルへ。このホテルは三十五年前の建築だといふが、最近の建築物のうちでは快適な雰囲気である。明るくて簡素、しつこいところが少しもない。
十月十日
（上野氏と）一緒に十輪院を観る、小さいが実に見事な寺、奈良建築の面影を止めてゐる。住宅風或は簡素な宮殿風であるとも言へる。……
新薬師寺へ。奈良時代の優雅な建築、美しい境内、見事な門、よく画家の題材になるところだ。

法隆寺や中宮寺もお訪ねになり、夢殿を「建築の宝石」と、中宮寺では、眼がついていけないほどの細部にわたる寺院建築の様子に「眼の文化」とまでお呼びになりました。そして、奈良ホテルにお泊まりになり、夜の奈良を散策しながら、「日本の驚くべき奇蹟、日本人は今でも世界を美しくしている」とまでおっしゃっていただきました。
余りにもほめちぎった言葉に、いささかとまどいさえ感じますが、しかし、奈良が日本の中で占めねばならない位置をつぎのようにおっしゃっていただいたのは、あなたの炯眼に負うところ大だと存じました。

それだから奈良は、現代日本にとって特に重要な象徴であると言ってよい、今日の日本は、奈良の示した範に倣ってこそ、現在この国を混乱に陥れている西欧の文明及び文化の圧倒的な影響を同化吸収して、自己みずからの文化を形づくり、こうして従属的な状態を脱却すべき勇気を逮得することができるのである。……最も教養ある日本人の心を強く把握するものは、伝統をもって飽和した奈良の雰囲気である。

おっしゃる通りでございます。先行き不透明な今日の日本のことを思いますと、奈良が果たさねばならない役割を自覚せねばならないと存じます。

敬具

ブルーノ・タウト／篠田英雄訳「法隆寺・その他」『日本雑記』（タウト全集第二巻）育生弘道閣、昭和十八年。同『忘れられた日本』創元社、昭和二十七年を参照しました。

拝啓　北見志保子 様

歌曲「平城山」

大和の盆地をとりかこむ青垣の山々も、若葉が映える季節となりました。あなたの歌によって作られた歌曲「平城山《ならやま》」の丘陵をのぞみながら、薫風に身をゆだねる日々でございます。実は、このお手紙は私自身、歌曲「平城山」の成立のいきさつについて明確な解釈ができないまま、あいまいに語ってきたことに対する反省の意味をこめて差し上げることになりました。

「平城山」は、あなたと同じ高知県ご出身の平井康三郎氏があなたの短歌によって「平城山」「甲斐の峡《さわ》」「九十九里浜」の三部作として作曲された一つでございました。あなたが歌をお作りになるにあたっては、おさらく万葉歌の磐之媛《いわのひめ》皇后に託された四首がイメージとしてお持ちだったのではないかと想像いたします。

歌曲「平城山」は、次のような歌詞となっています。

北見志保子（1885～1955）歌人

人恋ふは哀しきものと平城山に
もとほり来つつ堪え難かりき
いにしへも夫に恋ひつつ越えしとふ
平城山の路に涙おとしぬ

平井氏はあなたがお詠みになった歌の二首をとりいれて一つの歌曲に構成されました。ところが、あなたの歌と歌曲の歌詞との関係はいささか複雑でございます。あなたの歌は「磐之媛皇后御陵」という題詞で詠まれていて、歌集などによって「古も妻に……」「古へも妻に」となっています。磐之媛は仁徳天皇の皇后ですが、あなたは「古(へ)も妻に……」の歌は、仁徳天皇が皇后を思って平城山に至ったことを詠んだとおっしゃいました。そして、「人恋ふは……」の歌は、天皇を思う磐之媛の気持ちを表現されたということでございました。

ところが、平井康三郎氏の歌曲では、「妻」が「夫《つま》」になったのでございました。これは、平井氏はあなたの二首の歌を一連の歌詞とするにあたり、夫を慕う妻の心情を歌ったものとして改変されたのではないかと思われます。そのことについて平井氏は、あなたに相談をされたのではないでしょうか。歌人のお詠みになった言葉を変えるというのは余程のことだと察せられます。

そして、その後、あなたは、「古へもつまを……」と、「つま」をひらがなにし、さらに「妻に」の「に」を「を」に変えられました。その理由はよくわかりませんが、平井氏の歌詞に影響を受けられたようにも思われます。ところが、歌曲の方に反対の変化が起こったのでございました。

昭和二十八年（一九五三）発行の『愛唱名歌集――歌の花園』（野ばら社）には、「いにしえも妻に恋いつつ……」とあるのです。「つま」は「妻」か「夫」か、あるいは「妻」から「つま」への変化は、あなたの心の中に宿されている思いを掘り起こさねばならないのでございます。

あなたは、歌人橋田東声氏と結婚されましたが、東声氏の弟子であなたより十二歳も年下の浜忠次郎氏と恋仲になられました。東声氏と別居、やがてお別れになりました。大正十二年（一九二三）、あなたが三十八歳の頃でございました。

あなたのなされたことが、いかにも奔放な女性の生き方として語られることがありますが、本当の原因は夫東声氏の許しがたい行為にあったようでございます。それについては、ここでは伏せておきます。

あなたは、乱れる心を癒すためでしょうか、別居して奈良に来られ、また高野山にも籠もられますが、再び奈良東大寺の龍松院に滞在なさいます。歌曲「平城山」のもとになった歌はこの頃お詠みになったように、私は思いたくなるのですが、後に触れさせていただきますように、あなたはそうでないとおっしゃるのでございます。

浜氏の実家は、忠次郎氏をフランスに遊学させ、あなたがたの熱い思いを鎮めようとされました。だが、そのことで二人の恋心がつのることはあっても冷めることはありませんでした。大正十四年に浜氏が帰国され、ご結婚されました。

そこで、歌曲「平城山」のもととなったあなたの二首の歌をご発表になった年代をひとまず確かめたいと存じます。その歌は高知県の郷土文芸誌『柏樹』の昭和十年一月号に初めて載せられたということでございます。そういたしますと、浜忠次郎氏の留学、その後のご結婚の年代よりも十年あまりも経ているのでございます。あなたが平井康三郎氏に作曲を依頼されるのは、やはり昭和十年のことでございます。

あなたは、歌曲「平城山」について、次のようにお話しになっておられます。

「人々は平城山の歌は、フランスへ行った浜をしたって作ったものだとよく言いますが、そうでなく、ずっと後で磐之媛皇后の御陵に行った時に作ったものです」と。

この証言は、歌の発表された年代が作歌の年代と近いとすれば、信じてもよいのでございましょう。まして、もとの歌には「古も妻に」とありますから、字面のみから推測しますと、浜忠次郎氏をしのんだ歌とは言えないことは、もっともなことでございます。

歌曲「平城山」を作曲された平井氏は、おそらくあなたと浜氏とがご一緒になられるまでの経緯をご承知であったはずでございましょうから、あえて「妻」を「夫」に変えて、あなたの思いを曲に託そうとされたのではないかと憶測する次第でございます。

敬具

本文の執筆にあたっては、厚芝保一『「平城山《ならやま》の歌」ゆえに――北見志保子――その人と文学』（奈良新聞出版センター、一九八六年）から多くを参照させていただきました。

拝啓　徳冨蘆花 様

生命があったら重ねて

明治になって都が東京に遷った時、京都の経済人は「第二の奈良になってはいけない」と言いました。草原であった平城宮址を指したようです。しかし草原であったからこそ、古代の宮殿遺構を考古学調査で明らかにすることができたのです。

あなたは、夫人と養女の鶴子さんと大正二年（一九一三）九月から十一月にかけて、九州・朝鮮・山陰・関西をご旅行されました。その折、十一月二十日から三日間、奈良にお越しになりました。

前年に、明治から大正へと元号がかわり、統治権は国家にあり、天皇は国家の最高機関として統治権を行使するという美濃部達吉の「天皇機関説」が提起され、国家と天皇の関係について議論を巻き起こしました。そのような時代の潮流はやがて大正デモクラシーを導くことになりました。そのようなおり、あなたは神武天皇陵に参拝されました。

徳冨蘆花（1868 ～ 1927）小説家

あなたは、皇室が長い間武家政権のためにみじめであったと嘆かれ「然し神武帝が明治大帝と現はれて、千年の腰を一時に伸ばされたので、我儕《われら》もこゝに此御陵を拝することが出来るのだ」とお書きになっています。明治維新の申し子のごとく、明治元年に誕生され、大日本帝国とともに育ってこられたあなたは神武天皇陵に格別の印象をお持ちになったと思われます。

橿原神宮にお参りになった後、畝傍駅から桜井駅まで列車に乗られ、桜井から軽便鉄道で初瀬に行かれました。長谷寺であなたは、はるかな過去に思いをはせられます。

得も云はれぬいみじの薄明り。此処に大正二年はない。どうしても源氏物語から抜け出して来た白い顔の玉鬘《たまかづら》、さし俯《うつむ》く墨染の西行が上つて来なければならぬ。

長谷寺は私も好きな寺院の一つでございます。あの長い登廊を昇って本堂に向かうまで、人は仏に念じる秘め事を胸中でくりかえすのでしょうか。平安時代の女人たちが長谷詣でをして夢のお告げを観音菩薩から授かったといいます。夢は当時の人々にとって神霊からのメッセージでありました。現代の人間も神霊（神霊という言葉に違和感をお持ちでしたら精霊でもよいと存じますが）に耳を傾けるべきだと私は思っています。近代の科学がなしえることしか信じないために、世界は混沌とした状況から脱することができずにいると私は最近しきりと考え込みます。いかがでございましょうか。

初瀬の旅宿で鶴子さんのお腹の調子が悪いということで、粥を注文なさいましたら、大和の名物の茶粥が運ばれてきました。

翌日は、雨もようでしたが多武峰に登られ、さらに丹波市《たんばいち》に向かわれ天理教の本部の建築現場に行かれました。

> 本部の大建築は、落成近くてまだ足場が除かれずに居る。本願寺と雄《ゆう》を競《きそ》ふべき建物である。……更に車を急がせて、教祖の墓地に往つて見る。……行止りに大きな花崗岩の石標が建つて居る。天理教祖真道弥広言知女命墓《まみちいやひろことしるめのみことのはか》と大字に彫《ゑ》つてある。其様なむづかしい名は俺《わし》や知らぬと、御本人のお婆さんが言ひさうな。

あなたは、天理教をどのようにごらんになっていたのか書いておられません。私も信者ではございません、ただ、教祖中山みきさんのなさった「神秘的」なお仕事は、やはり近代科学では理解できないことでありますが、それゆえにこそ、私たちは関心を寄せねばならない時代に生きているように思われてならないのでございます。
その夜は菊水楼にお泊まりになり、翌日は奈良公園で鶴子さんを鹿と遊ばさせて法隆寺、薬師寺、唐招提寺にお参りになれらましたが、時間もなく遠くから法華寺や大極殿址、三笠山をながめて奈良駅に着かれたのでありました。

奈良はもっと落ちついた心で、よく〳〵見ねばならぬ。生命《いのち》があったら重ねて—
斯《か》く思ひつゝ、只管《ひたすら》車を急がす。

その後、奈良にお見えになられたのでしょうか。東京の世田谷に旧宅を蘆《ろ》花《か》恒《こう》春《しゅん》園《えん》として公開なさっている由、一度お訪ねしたく存じます。

敬具

（参考文献）「大和路」『蘆花全集』第十一巻、新潮社、昭和四年

拝啓　北原白秋 様

鑑真和上を思ふこと切なり

近年西大寺の旧境内で八世紀後半のイスラム陶器が発掘されました。青緑色の釉薬を施した大壺の破片群でしたが、まさに海のシルクロードを渡ってきたのかと古代の海の荒波に翻弄されて行き交う船の姿を思い浮かべました。

あなたは、昭和十年（一九三五）に多磨短歌会を結成され、『多磨』を創刊されました。翌年の八月に信貴山で「多磨」の第一回全国大会が開かれ、その帰りに唐招提寺にお参りになられました。

なぜ信貴山で記念すべき大会を催されたのでしょうか。昭和十七年にお亡くなりになるのですが、翌年に出された歌集『渓流唱』に信貴山をお詠みになった

信貴の山榧《かや》のこずゑに照る月のそれまでを見て我やねぶりし

北原白秋（1885〜1942）詩人・歌人

という歌などを収めておられます。

唐招提寺では、なによりも鑑真和上の像に祈りを捧げられました。歌集『黒檜《くろひ》』の次の歌には「鑑真和上の像を思ふこと切なり」という題詞をお付けになっておられます。

目の盲《し》ひて幽かに坐《ま》しし仏像《みすがた》に日なか風ありて触《さや》りつつありき
盲《し》ひはててなほし柔《やは》らとます目見《まみ》に聖《ひじり》なにをか宿したまひし
唐寺の日なかの照りに物《も》思はず勢《きほ》ひし夏は眼も清《す》みにけり

歌集『黒檜』には、都合四度にわたって鑑真和上をお詠みになった作品を載せておられます。「四度、鑑真和上を憶ふ」と題し「若葉しておん眼の雫ぬぐはばや　芭蕉」と添えてうたわれておられます。

水楢の柔《やは》き嫩葉《わかば》はみ眼にして花よりもなほや白う匂はむ

この歌は、唐招提寺境内の歌碑に刻まれているのでございます。なぜ、これほどあなたは鑑真和上をお慕いになったのでしょうか。多磨短歌会をお始めになった頃、体調がすぐれず、眼も不自由になっておられました。そのようなときに、知人の方々は多磨短歌会をつくることをやめるようにとご心配になりました。しかし、それをふりきってまで多磨短歌会の立ち上げに邁進されたのは、鑑真和上をお慕いになってのことと拝察申し上げます。ご自身の眼がよくないときに、あなたの祈りは、唐の時代に眼が不自由にもかかわらず、苦難の渡海のすえに自らの命をかえりみることなく来日した鑑真和上に捧げられました。

あなたは、これまでにも明治三十九年（一九〇六）、昭和四年春に大和にお見えになり、昭和十六年春にもお越しになりました。そして、数々の歌を詠んでおられます。昭和四年春に法隆寺に来られました。「四十日にわたる荒涼たる我が満蒙の旅は、寧ろこの法隆寺を美しく見むためなりしが如し」という詞書で

菫《すみれ》咲く春は夢殿日おもてを石段《いしきだ》の目に乾く埴土《はにつち》（『夢殿』所収）

と、うたわれたのでございました。日本の海軍が軍需物資を確保するために、東南アジアに向かって南進論を展開しつつあった昭和十六年の四月初旬に、あなたは九州の

神武天皇ゆかりの聖蹟巡拝の旅にでられました。その帰りに吉野町の国栖から宇陀をお訪ねになりました。津風呂ダムの東北方にあたる吉野町色生《いろ》で「春雨不尽」と題して、

春雨のけなるき降りや屋根坐《ま》して雫垂りなす宇陀の鞘橋（『牡丹《ぼたん》の木《ぼく》』所収）

と、お詠みになりましたが、その歌碑が善生寺の門前にございます。「満蒙の旅」といい、「神武天皇の聖蹟」といい、日本が苦悩を深めつつある時代を思いおこさせるものでございます。私も、かつて九州の聖蹟について調べたことがございました、そのとき、紀元二千六百年（昭和十五）の祝典歌「海道東征」の作詞があなたであると知りました。神武東征をモチーフとするこの歌をどのようなお気持ちでお作りになったのでございましょうか。

敬具

拝啓　内藤湖南　様

明治二十六年の奈良紀行

相変らず邪馬台国の所在地をめぐる論争は続いています。あなたがおっしゃった畿内説は有力になりつつありますがこの論争が何のために邪馬台国を問題にするのかという哲学的な視点が欠落しているように思います。京都帝国大学教授の職についておられたあなたは、いち早く邪馬台国畿内説を主張された後、東京帝国大学の白鳥庫吉氏らの九州説と対立された論争史は、人のよく知るところでございます。お二人とも、明治四十三年（一九一〇）に御説を世に問われたのでございました。

少しご略歴を拝見しますと、明治二十六年一月に郷里の秋田にお帰りになるつもりで、東京の政教社をお辞めになります。ところが、大阪朝日新聞の論説執筆の手伝いを乞われて大阪に居を移されます。そして、明治二十七年に、大阪朝日新聞の記者として正式に入社され、「関西文運論」を連載、評判をよびました。その前年に政教社発行の『亜細亜』という雑誌に二回（明治二十六年七月十五日第二巻第七号、同年八月

内藤湖南（1866～1934）東洋史学者

十五日同巻第九号）にわたり「寧楽」というタイトルで奈良紀行を載せられます。次の文章は第一回目に執筆されたものでございます。天王寺から列車で奈良にお越しになりました。

寧楽につきしは夜の九時頃なりき。猿澤池畔の一旅店にやどる。翌る日、春日社、二月堂、三月堂、大佛殿、殿には博覧會あり、正倉院は地下人の入るを許されぬ處とて塀越しに望みたり、時は六月の初めつかた、このわたり草の香人を襲うて、野趣故國のなつかしみあり。されど堂々たる南都七大寺の随一たる東大寺の境内、叢芳賞心の種とならんは、盛衰の感あはれならざらんや。狭穂川を渡りて聖武帝の陵を拝し、興福寺は金堂、東金堂、南圓堂、北圓堂、境内に今縣廳もあり、裁判所もあり、師範学校もあり。午下には薬師寺にや赴かん、法隆寺をや観んと、神澤子と話しつゝも、思はず共にしばし黒甜《こくてん》の郷に入りぬ。覺むれば、雨降り出でぬ、近くは嫩艸、三笠、遠くは志貴、葛城の山々、かしこゝの聚落、煙雨に裹まれて、興福寺の五重塔、猿澤池、一しほ優なるながめなり、几帳をへだてゝ坐睡したる女を見るがごとし、強ちに我が寝惚て見し故のみにはあらず。（『亜細亜』第二巻七号）

当時の漢学の第一人者でおられたので、今日の私たちがあなたの文章をたどるのに、いささか難しく存じます。「黒甜の郷に入りぬ」とは、昼寝をするということだそうですが、私たちには、疎遠なことばでございます。地名にもあなた独特の漢字をあてておられます。「狭穂川」は「佐保川」のことでしょうが、「嫩艸」は「わかくさ（若草）」のこととは、とても思いつきません。お泊まりになった猿沢池畔の一旅店は、どこだったのでしょうか。興福寺の境内に県庁・裁判所・師範学校があったとお書きになっていますが、県庁と裁判所は今の登大路の風景の原型がこの時すでにできていたことをお教えいただきました。師範学校は戦後奈良学芸大学となりますが、今では奈良教育大学として高畑に移転したのでございます。

右の奈良見物の後、次の日曜日に再び奈良にお見えになります。法隆寺・薬師寺などを前回、雨のために見ることができなかったので、友を誘うことなく、お一人で湊町の駅（現在のＪＲ難波駅）から汽車で法隆寺停車場に来られました。

金堂の建築は推古の世と傳ふれど、近頃の考にては天智帝の頃の再築ともいへり、その基礎を昔は磐石天より降りしとこそ尊がりしが、今は案内者さへ開けて、こは千二百年前のセメンにて候、白堊などには候はずと説明す、美術の御参考とて参観する人多し、九鬼サンもよく出来てあると申されしとは、到る處の寺僧が誇りがにいふ言葉なり。（『亜細亜』第二巻第九号）

この文章に私は興味を懐かせていただきました。と申しますのは、天智朝に斑鳩寺が火災にあったという『日本書紀』の記事がありますが、今日の金堂は推古朝に厩戸王が建立した建物とする意見と、火災にあった後再建された建物とする意見の対立があり、決着がついていない頃の様子がうかがえるからです。今日ではその後発掘された若草伽藍をもって厩戸王建立の斑鳩寺とする見解が有力になっています。九鬼サンとは、同僚であられた『「いき」の構造』の著者九鬼周造氏のことではないかと察します。

敬具

仏像に美を読む

拝啓　和辻哲郎　様

今、奈良は、あたかも平城京の頃にもどったように、寺院がよみがえりつつあります。唐招提寺金堂の大修理が無事終わり、興福寺では、伽藍の整備計画の一端として中金堂の再建が進んでいます。一方、薬師寺では、東塔の解体修理の真っ最中です。あらためて、奈良という土地から、古代のエネルギーが沸き上がるような実感がしてなりません。

あなたは、大正七年（一九一八）に、大和のあちこちの寺を二、三の友人らとめぐられ、その印象を翌年『古寺巡礼』として出版なさいます。三十歳の時でございました。年譜を拝見いたしますと、この頃、定職におつきにならず、自由な生活をなさっていたようでございます。

「改版序」からはじまる『古寺巡礼』（岩波文庫）が私の手もとにございます。それによりますと、刊行の後、何度も書き変えたいという気持ちになられたようでした。

和辻哲郎（1889 ～ 1960）哲学者

ところが、社会的な情勢の中で、重版などもできなくなってきたということでございました。しかし、近く出征するに際して生還は難しいので、せめて一期の思い出に奈良を訪れて『古寺巡礼』を手に入れたいといった申し入れがあなたのところに多くの方から寄せられたとのことでございました。

なぜ、このような要望があるのか、あなたは考えをめぐらせます。そして、「この書のうちに今の著者がもはや持っていないもの、すなわち若さや情熱があるということであった」と、思い当たられたのでございました。

奈良の印象を奈良ホテルで語られている箇所がございます。

奈良へついた時はもう薄暗かった。この室に落ちついて、浅茅が原の向こうに見える若草山一帯の新緑（と言ってももう少し遅いが）を窓から眺めていると、いかにも京都とは違った気分が迫って来る。奈良の方がパアッとして、大っぴらである。T君はあの若王子の奥のひそひそとした隠れ家に二夜を過ごして来たためか、何となく奈良の景色は落ちつかないと言っていた。確かに『万葉集』と『古今集』との相違は、景色からも感ぜられるように思う。

あなたは、美術品として仏像に接するという方法を貫き通されました。しかし、仏像は仏教という宗教的な次元において拝むものであって、美術品ではないという議論が、すでに当時からあったのではないかと憶測いたします。一つの筋が通った見解かと思いますが、それならば、博物館や美術館で仏像の展示をすべきではないと思われたに違いありません。

私は、仏像に美を求めても、なんら間違っていないと思いますので、あなたのとられた方法に共感を覚えるのでございます。仏師たちはアトリエで、信仰の力で製作に没頭したでありましょうが、その力はやがて美の世界を切り開いたのではないでしょうか。

それと関係すると思うのですが、あなたが奈良にお見えになったときには、聖林寺の十一面観音像や大安寺の楊柳観音像などが奈良国立博物館に陳列されていたのでございますから、なおさらのこと、仏像を美術品として鑑賞するのに抵抗感を覚えられなかったと想像します。

日暮れ近く、あなたは薬師寺に出かけられました。仏師を芸術家と呼んでおられるのも、仏像に美を読みとろうとする、あなたの視線を感じます。

しかしこの美を生み出したものは、依然として、写実を乗り越すほどに写実に秀でた芸術家の精神であった。彼らは下から人体を形造ることに練達した後に、初めて上から超絶者の姿を造る過程を会得したのであろう。自然の美を深くつかみ得るものでなければ、——またそのつかんだ美を鋭敏に表現し得るものでなければ、内に渦巻いている想念を結晶させてそれに適当な形を与えることはできまい。

おっしゃっている意味はよくわかります。いかにもあなたの若さの情念によって筆が自在に運ばれている様子が、私に、伝わってまいります。

近年、薬師寺の薬師如来の脇侍や興福寺の阿修羅像が東京の博物館などで展示されて、多くの人に見ていただきました。それは、仏像が「ミロのヴィーナス」化したとも言えるのでございます。でも、そこから、仏への信仰に導かれる人がおられたらいいのではないかと、『古寺巡礼』を拝読しながら思うのです。

敬具

拝啓　アインシュタイン様

奈良ホテルで弾いたピアノ

あなたが、奈良にお見えになっていたことは、最近の新聞で知りました。大正十一年（一九二二）十二月十七日から二日間、奈良ホテルに滞在された時に、ピアノを弾かれたとう記事に目をとめたからでございます。

ピアノのことは、後で申し上げるとして、あなたの奈良での足跡や印象について述べさせていただこうと存じます。

「大阪朝日新聞」十一月十九日号には、あなたの奈良での旅程について短い記事がございます。「相対性博士　一行は十七日の夜十時過に来着奈良ホテルに入り十八日は霞たばしる寒空をお徒歩《ひろひ》で春日大仏を巡覧公園の処々を散策して神鹿の群に戯れ冬枯れ乍《なが》らその閑雅で落ち着いたのを喜び折柄旅所《たびしょ》で催された春日おん祭後宴の能楽を珍らしがりホテルに帰宿十九日は法隆寺に遊ぶ筈」。

翌日の同紙には、「……春日神社の石灯籠の多いのには一寸奇異の感を抱いて大仏

アインシュタイン（1879 ～ 1955）物理学者

は左程大きいと思はず又仏像の美術的価値と云ふ事にも余り感じなかった……」ことと、博物館の木彫仏像に感銘したというコメント記事を載せているのでございます。

さて、ピアノのことでございます。私の手許には金子務氏の著作『アインシュタインショックI——大正日本を揺るがせた四十三日間』(岩波書店、二〇〇五年)という本がございます。その第六章の扉にパイプをくわえながら奈良ホテルのロビーで試し弾きされている写真が掲げられています。十二月の中旬ですから、奈良には寒気がただよっていたと思われます。あなたは、コートをはおっておられ、アップライトのピアノの鍵盤にむかっておられます。楽譜はおかれていません。この写真は、東京の目黒区にございます日本近代文学館に所蔵されているものです。

奈良ホテルが、創立百周年を迎えるにあたって、記念展示会が催されたのでございました。ホテルは、この展示会になにか記念的なものをと、写真をたよりにあなたが弾かれたピアノを探されたとお聞きしています。そうすると、何と運のよいことでしょう、大阪市の交通科学博物館にございましたアメリカ製のピアノがそのものだと判明したのでございました。

そのようなご縁で、ピアノが奈良ホテルにもどってまいりました。ピアノには Harrington という ピアノ製作所の名と New York という文字がかかれていたのです。日本に運ばれて長い年月を経ていますから、白い鍵盤は黄ばんでいました。私も、そのピアノを奈良ホテルで拝見いたしました。そして、このピアノの流浪の旅路について説明を受けたのでございました。

奈良ホテルは、百年も前に鉄道院のホテルとして創業されました。戦後、連合軍司令部によって接収されますが、その直前にピアノは大阪鉄道管理局に運ばれたということです。そしてやがて、交通科学博物館に移管されたのでございました。ですから、戦後すぐにこのピアノは奈良ホテルを離れ、やっとふるさとに戻ってきたのです。まるで長く会えなかった人との再会のように思えてなりません。かつてのような音をかなでるわけにはいきませんが、それでも、ホテルとピアノの心が通じ合った一瞬を思わずにはいられません。

あなたは、音楽について深い造詣をおもちで、ヴァイオリンの秀でた奏者であるということも、よく知られています。日本の音楽について、西洋音楽のように和音やソナタのような形式性がないと指摘されています。私にはよくわからないのですが、おそらく、構造と申しますか、構築的要素を欠くということでございましょうか。しかし、日本の音楽が、あなたをひきつけたのは、気持ちのよいうるわしい曲にあるとおっしゃっています。そして次のようにも述べておられます。

又日本の音楽には西洋音楽のやうに金属製の吹奏楽器がなく、やさしい笛があるのみのやうに思ひます。これは日本の気分のやさしいのを示す証拠でありませう。日本国民の日常の生活に使用する器具を見ても、日本の絵画を見ても日本人が可愛いもの、やさしいものを愛する国民であると云ふことがすぐわかります。

おそらく、あなたは来日されて間もなく、たまたまご覧いただいた十二月の奈良のおん祭に、日本の音楽をみいだそうとされたのではないかと、拝察申し上げます。

敬具

金子務氏の著作『アインシュタインショックI――大正日本を揺がせた四十三日間』（岩波書店、二〇〇五年）と、奈良ホテルから提供をうけた資料を参照させていただきました。

拝啓　濱田青陵 様

近代考古学の先駆

あなたが京都帝国大学の考古学の初代教授にご着任になりますが、あなたをぬきにして、日本考古学を語ることはできないとさえいわれてきました。それほどあなたの功績は偉大でございました。

大学のキャンパスの一隅に陳列館と呼ばれた瀟洒な建物がありました。これはあなたの設計になると聞いております。今では総合博物館の一部となりましたが、あなたの豊かな才気に敬服の念をおぼえます。

大和・奈良の地の考古学も、あなたの先駆的な調査によって研究が今日に至るまで進展してまいりました。

唐古遺跡は昭和十一年（一九三六）から翌年にかけて第一次調査がなされましたが、先生は発掘調査の指導にあたられました。その後の発掘調査によって遺跡の範囲が広いことが判明いたしまして、唐古・鍵遺跡と呼ばれるようになりましたが、弥生時代

濱田青陵（耕作、1881 ～ 1938）考古学者

の標識的な農耕集落遺跡として、重要な位置づけがなされるようになりました。

今日では、邪馬台国の都の跡といわれていますが纒向遺跡が脚光を浴びているのでございますが、唐古・鍵遺跡との関係が、いま一つあいまいなままであり、さらに検討が必要だとされているのでございます。あなたならば、どのような解釈をなさるのかと、たずねてみたい気持ちになるのでございます。

唐古遺跡の調査の前、昭和八年、飛鳥の石舞台古墳において巨石構築法の解明を試みられました。石材の産地、石の運搬、石室側壁の据置きの方法、天井石の架構などについて、さまざまな角度から検討されました。あなたの学問的な業績をあげればきりがございません。

あなたのご著書はたくさんございますが、「百済観音」と題する文章（『仏教美術』第二冊、一九二六）は、多くの人々に愛読された一冊でございました。最後の一節を引用させていただきます。

この像の特徴とする単純さ、温柔さ、またその夢のような情緒は、われわれを童話の天国、神仙の郷土へ誘い去らんとする魅力をもってせまってくるかと思わしめる。……まことにこの像を作り出した芸術家は、その人みずからかくのごとく童話的の時代に生れて、かくのごとき神仙の心境みずから鑿《のみ》の先に発露したにすぎない。

さすがに、美術史をご専攻されたあなたならではの筆づかいを読みとることができるのでございます。

私の歴史地理学の恩師、藤岡健二郎は、先生の学問にあこがれて京都帝国大学の考古学教室の扉をたたきました。その後歴史地理学に転じますが、恩師から先生のエピソードを酒の席で何度も聞いたものでございます。

あなたは、東京帝国大学の美術史を専攻なされました。そのことと関係があるのかどうかは存じ上げませんが、黒板に白墨で描かれた馬の走る絵は、いまにも黒板から飛び出すような感じをうけたということでございました。

あなたが主宰されていた考古学教室の午後の雑談はおだやかな雰囲気にみちて、カフェ・アーケオロジーと呼ばれたそうです。そして旅行談とか、考古学の話あるいは世情的な話など、ともかく雑談が飛び交ったとのことでございました。よき時代のアカデミズムというべきでしょう。今日の大学では、国家の定めた大学間の競争原理が導入されてそのために締めつけられた研究者たちに、そのような余裕があるようには思われません。

だが、単に余裕ということばで片づけていいものか、私にはためらいもございます。むしろ、あなたの生来の度量の大きさがなせるわざではなかったかと思うのでございます。夕方五時になると、あなたは教室を出られて帰宅されたとのことです。若い研究者や学生たちが自由にふるまえるようにご配慮なされたということでございました。

あなたのご子息の文章に接しますと、あなたは勤勉努力型ではなく、好き嫌いの念が強く、成績にもむらがあったということでございました。とりわけ数学がお嫌いで、三高では、数学が第一年次だけであることを大いによろこび、「数学と別るるの記」という文章をわざわざお書きになり、万歳と叫ばれたということでございました。何と人間的な、と拍手喝采したい気持ちになるのでございます。

敬具

拝啓　折口信夫様

飛鳥が思索の原点

暑い日が続きますが、奈良は海外からの観光客でにぎわっています。奈良という土地に外国の人々が関心をもつのは単なる歴史への興味ではなく、日本という国の成り立ちを根幹から知りたいという強い意識が頭をもちあげているからではないかと、私は思いつつあるのでございます。

そんな折りに、あなたのなされたすさまじいとも申し上げてよい日本文化への沈潜に私は、惹かれてやまないのでございます。あなたの思索の原点は飛鳥ではないかと憶測いたします。と申しますのは、あなたは、明治二十年（一八八七）、大阪でお生まれになりましたが、ご祖父は飛鳥の飛鳥坐神社の神主の家系にあたる飛鳥家の方だとお聞きしております。それ故でございましょうか、あなたは、よく飛鳥に遊ばれ、古代への省察にふけられる一方で、釈迢空という名で多くの歌をお詠みになりました。最初に飛鳥坐神社をお訪ねになったのは、明治三十三年、十四歳、まだあどけない

折口信夫（1887 ～ 1953）国文学者・歌人

少年の頃、一泊旅行をされ、大和めぐりをなされたときでございました。明治三十七年には、叔母えい様の気遣いで祖母おつた様と、えい様との三人で当麻、吉野、飛鳥をお巡りになり、父の代でとだえていた飛鳥家との旧交をもどされたのでございました。

明治四十年の年の初め、飛鳥坐神社の当主靭負様に書状を差し上げておられます。冒頭の部分を引用させていただきます。

飛鳥靭負様　　折口信夫　（封書）

新年の芽出たさ御いはひ申上候

御一同様おかはりなく御加歳の事と存じこゝにおよろこびまうし述候

わたくしもこの手紙御落手の頃には宿の四畳半に年をむかへ居るべく候

明日〱と順おくりにいたし居り候うちはや四月も相すぎ年もかはり候には流石のなまけ者もおとろき入このうへうちすておき候てはいつまで御うかゞひ仕らざるかもはかりかねこゝろもとなさにあくまでも面皮をあつくして例の金釘流をはしらせ申候

あなたはご祖父に縁がある飛鳥坐神社になによりも親しみをお持ちでした。この書簡は国学院大学に在籍されていたあなたに飛鳥坐神社からの調査依頼があり、その報告をするものでありました。

あなたは、ご祖父様への思いは、飛鳥坐神社とともに、深いものがございました、歌集『倭おぐな　以後』所収の飛鳥としてまとめられている歌のなかから、拾い上げさせていただきます。

明治十八年のこれらに果てし　唯ひとりの医師として、祖父の記録を見出づ
半生を語らぬ人にて過ぎにしを　思ふ墓べに、祖父ををがみぬ
飛鳥なる古き社に　帰り居む。のどかさを欲りすと　よめる歌あり
祖父の顔　心にうかべ見ることあれど、唯わけもなく　すべ〳〵として

あなたは、飛鳥の中でも、万葉歌に詠まれる飛鳥の神南備《かむなび》に関心をいだかれました。飛鳥の神南備をいずれに求めるかは、古来むずかしいことでありました。あなたは、次の文章を拝読しますと甘樫丘から南にのびる丘陵を神南備とお考えのようであります。

比丘陵の主部になるのが、今謂った豊浦の南、飛鳥川の西岸、川原寺の背戸《セド》の北にわたってゐる。此が飛鳥の都の近き護りと、斎《イハ》ひしづめられた「飛鳥ノ神南備《カムナビ》」である。この山は小規模ながら、頂上の見はらし、山をとりまく野、村、川、更に又山々の姿がよい。……神南備の社は、平安の都になって間もなく、目と耳との間に見える飛鳥の村の鳥形《トリガタ》山に移った。淳和天皇の御代である。今もある社の名は、飛鳥坐《ニイマス》神社である。

やはり、あなたにとっての飛鳥は飛鳥の神南備神社であり、飛鳥坐神社でございました。それが、あなたの原点であったのだと、私は想像いたします。

敬具

関西学院での講演など

拝啓　小林秀雄 様

暑い奈良でございましたが、残暑がまだ夏の余韻を感じさせています。

あなたとの出会いは、私が高校生の頃でした。難解なあなたの文章が国語の試験に出題されたのを思い出します。たしか、お嬢さんも、むずかしい文章が試験問題に出たといってお帰りになり、それをご覧になって、ご自身の文章だったと苦笑された話も漏れ聞いたことがございます。

昭和三年、あなたは東京で同棲されていた女性と別れ、大阪から京都を経て奈良の志賀直哉さんをお訪ねになります。当時、志賀さんは高畑に居を構える前で、幸町の借家住まいでした。あなたは、奈良公園の中にある旅館江戸三に逗留されたのでした。奈良には約半年ばかりおられたようで、翌年の一月には東京にお帰りになります。

あなたの奈良滞在中の話は「処女講演」という随筆を拝読しただけでも、笑い転げるほど愉快です。あのようなむずかしい文章をお書きになる方だとは想像できません。

小林秀雄（1902～1983）評論家

かいつまんで紹介させていただきます。「僕はその頃東京を飛び出して、奈良で殆ど着のみ着のまゝの姿で暮らして」おられたのですが、関西学院に在籍していた従弟さんが、東京の先生に講演を頼むというのをお聞きになって、つまらない話をするに決まっているから、あなた自身を講師に呼ぶように冗談めかしておっしゃいました。ところが実現することになったのでございます。志賀さんの甥の登さんという絵描きの方の背広を借り、腕時計、万年筆と汽車賃も借りて出かけられました。

お話になる前にビールを飲まれたものですから、まとまった内容にならず、結論も出ないので二時間と十五分すぎた頃、「あんまり長くなりますから、と時計を見ながらピョコンとお辞儀をしてさっさと」降壇なさいました。いただかれた講演料で神戸、大阪をうろつかれ、道頓堀で知り合いの絵描きさんにお会いになったのでございました。そして一週間ほど大阪におられたようで、その後、奈良へお戻りになります。

洋服をお返しになるのに志賀さんの家に行かれる途中、鷺池のそばまでこられたところ、「シャツと猿股で絵を描いている男がゐた。登さんであった。やあ、失敬といふと、ひどいよ、これでは何処へも行けないよ、と言った」とお書きになっています。

あなたの従弟とおっしゃる方は、英文学者西村孝次さんでいらしたのですね。京都にお住まいになっていて、奈良へあなたをお訪ねになったときの様子をお書きになっています（西村孝次『わが従兄・小林秀雄』）。その一節を引用させていただきます。

その昭和三年（一九二八年）五月の、抜けるような青い空の日、わたしは奈良駅に降り立った。それは現在の駅からは想像もつかぬほどの汚い臭い暗い建物だった。

わたしの生家は、七条《ひっちょう》ステンショと呼び慣れていた京都駅に程近く、また奈良は汽車で一時間くらいだったから、ときおり父に連れられて行っていた。しかし少年のわたしには、そこはただ平安京よりさらに古い平城京というだけのことであった。

先に、記しました講演の話は、この時のことでしょうか。従弟の孝次さんは、この頃関西学院の高等部に在籍されていたのでしょう。

志賀さんとの交流は、あなたの思索にも影を宿しています。「伝統」というタイトルの論考に志賀さんの次のような文章を引用されています。

夢殿の救世観音を見ていると、その作者というような事は全く浮んで来ない。それは作者というものからそれが完全に遊離した存在となっているからで、これは又格別な事である。文芸の上で若《も》し私にそんな仕事でも出来ることがあったら、私は勿論それに自分の名などを冠《かぶ》せようとは思わないだろう。

（『小林秀雄全作品』第十四集）

この志賀さんの文から、あなたの伝統論が語られるのです。難解なあなたの文章に接したときの私の高校時代が思い出されます。伝統とは何か、を問われておられるのです。それは、芸術作品を研究する立場からは伝統の意味は理解できず、むしろ芸術品を愛し、創り出す立場に立って、現在によみがえらせようとする努力が必要だとおっしゃっているのです。もうすこしわかりやすく述べられている箇所がございます。「僕等の素朴な鑑賞から出発して、作品の歴史的な成立条件の分析という仕事」に好奇心がひろがるのは自然な成り行きであるが、そのことに、「誑《たぶら》かされなければよいのである」と述べられています。「そして誑かされぬ唯一つの方法は、この成行きを徹底して押し進めてみる事」だとおっしゃっています。

今、仏像ブームといわれておりますが、人々はどのような視線を仏像になげかけているのでしょうか、私の知りたいところでございます。

敬具

拝啓　亀井勝一郎様

大和への愛着

平城宮の大極殿や朱雀門、東院庭園などが復原されてかつての風景を思いうかべられるようになりました。さらに近年仏像ブームということで、古寺を訪ねる若い人たちもふえてきたようでございます。

あなたの名著と申し上げてよろしいかと存じます『大和古寺風物誌』を出版なさったのは、昭和十八年（一九四三）の頃でございました。戦争の真っ只中で、大和の古い寺に人々を誘う書籍が刊行されたのも、日本列島にたちこめていた精神的に不安定な状況を癒す糸口が求められていたからでしょうか。おそらく、今日の仏像ブームも自らの心のよりどころに不安感をいだきながら、先行きの不透明感の時代を生きなければならないことに関わる現象でしょうか。

『大和古寺風物誌』のどこをひもといても、あなたのあふれるばかりの大和への愛着を読み取ることができるのでございます。戦火が寺社、古美術に及ぶことにあなたは

亀井勝一郎（1907 ～ 1966）文芸評論家

心をくだいておられました。

空襲が激化し、朝に夕に我が都市が崩壊して行った頃、奈良も所詮はこの運命を免れまいと僕は観念していた。夢殿や法隆寺や多くの古寺が、爆撃のもとに忽ち灰燼と帰す日は間近いと思われた。戦いの終った後、その廃墟に立ち、わずかに残った礎の上にいかなる涙をそそぐであろうか。そういう日に、何に拠って悲しみに堪えようか。……しかし僕は仏像の疎開には反対を表明した。災難がふりかかってくるからと云って疎開するような仏さまが古来あったろうか。……仏像を単なる美術品と思いこむから疎開などという迷い言が出るのであろう。そう思ったので僕は反対したのである。

仏像を単なる美術品としてみないというのは当然といえば当然のことでございますが、とはいえ、美しくつくられた仏像をそのように簡単にいいきれるものではないと、あなたも思われていたのではないかと察します。実際、社寺の文化財の一部は疎開した事例のあることは私もよく存じあげています。でも、あなたの仏像に接する御立場は、あくまでも信仰を第一とするものでございました。

ところがそういう私も、はじめて救世観音を拝した頃は、ただ彫刻としてみようとする態度を捨てきれなかった。拝するというのではない。美術品として観察しようという下心で「見物」に行ったのである。むろん救世観音は、一瞥にして私のかかる態度を破砕した。あの深い神秘はどこから由来するのか……。

あなたは、このように仏像に接しられましたから、博物館にも疑問をお持ちになりました。古仏が、あるべき仏殿から離れてガラスケースに陳列されている時に、しらじらしい空虚のようなものを感じたとお書きになっています。それは様々な仏像が博物館の展示ケースに並べられていることよって、それぞれを比較してしまう、つまり愛情の分散にあるとおっしゃっています。そのことを「近代の不幸」とまで言い切っておられることに、私たちは耳を傾けねばならないと存じます。

あなたの、奈良にいただいた大きな功績のひとつは、平城宮跡の保存の先頭にたたれたことでございました。まだ国の史跡に指定されていなかったこともあって、昭和三十六年の末に近鉄の車庫の建設計画が公表されました。当時、文部省の文化財保護委員会は建設を許可しましたが、あなたを中心とした多くの人々の反対運動が起こり、近鉄も工事を強行するつもりはなく、国の指示に従うという立場をとりました。

結局、池田勇人首相の決断で平城宮跡のかなりの部分を国費買い上げとなり、その後奈良国立文化財研究所によって発掘調査が今日まで継続され、多くの成果を得ることができました。平成二十二年（二〇一〇）に実施されました遷都千三百年の記念イベントもそのような保存運動の延長上にあることも私たちは忘れることはできないのでございます。

あなたの編になります『平城宮』（筑摩書房、一九六三年）にあなたは「世界各国の遺跡や古美術保護政策にくらべたら、たいへんな後進性をあらわしているだけではなく、……日本の歴史にてらしてみても、異常なことである。明治以後の政府が『大和』を見すてたことを、私は日本史のなかの重要事項として書き加えておきたいほどである」とお書きになられています。私も、同じような考えをもって語りかけてまいりました。

敬具

拝啓　志賀直哉 様

「置土産」

春日若宮のおん祭の頃から若草山の山焼きと、大和の冬は深まってまいります。あなたに今更書状をさしあげるのは、遅きに失したという気持ちもございますが、奈良との結びつきがあまりにも親密なあなたにどのようなことをお書きしたらよいかという戸惑いが私なりにございました。

でも、率直にあなたが語っておられる奈良に耳をかたむけるのがよいのではないかと思い始めました。

京都から奈良に引っ越しされたのは大正十四年（一九二五）の頃で、幸町《さいわいちょう》あたりにお住まいになりました。今、幸町という地名は奈良交通の市内循環バスの停留所の名前に残っていますが、聞くところによりますと、飛鳥小学校の裏手ということでございます。あなたは、「淋しき生涯」という作品の中に、幸町の家の様子をお書きになっておられます。

志賀直哉（1883～1971）小説家

……古家《ふるいえ》ではあるが式台つきの広い玄関や、土蔵などのある大きな家《うち》で、古家を二軒集めて建てた家で、間どりにも無駄があり、なんとなく暢《のん》びりした感じが却《かえ》って私の気に入った。

よく知られている高畑のお住まいへは昭和四年（一九二九）にお移りになりました。ご自身が設計されたように聞いておりますが、ここで十年間お暮らしになったのでございました。

ほんとうに、あなたは奈良の風光をこよなく愛されました。「奈良」と題した随筆からあなたの奈良に関する思いを拾わせていただきます。よく、引用される箇所ではございますが、奈良の風土を巧みに描写していただいています。

兎《と》に角《かく》、奈良は美しい所だ。自然が美しく、残ってゐる建築も美しい。そして二つが互に溶けあつてゐる点は他に比を見ないと云つて差支へない。今の奈良は昔の都の一部分に過ぎないが、名画の残欠が美しいやうに美しい。

奈良を去られる前、先に家族のうち五人を東京にお返しになります。そのため頻繁に上京されますが、東京に二、三日滞在されると「矢も楯も堪《たま》らず、奈良に帰りたくなるのは不思議な位だ」とお書きになっています。ところが、人については東京人の方がはるかにお好きで、「土地と人と別々に好きだといふ事は私の不幸だ」ともおっしゃっています。

食べ物についてはやはり、「うまい物のない所だ。私が移って来た五六年間は牛肉だけは大変いいのがあると思つたが、近年段々悪くなり、最近、又少しよくなつた。此所では菓子が比較的ましなのではないかと思ふ」といっておられます。近年では「奈良にうまいものなし」という悪評をしりぞけるために、いろいろと工夫された飲食類が作られたようですが、あなたが口にされたら、いかが味わわれたでしょうか。

奈良が観光都市として発展するには、「一般に奈良の人達が来る人に打算を超えて親切であるといふ気風が出来ると、大変いい事だと思ってゐる」というご指摘は、その通りでございます。この頃は、奈良にお見えになる方々をいかにもてなすかについても、いろいろと議論されています。奈良に住む私たちにとっては、決して不愉快な思いをさせてお迎えするなどということはないのですが、とってつけたようなお上手をいうことを、むしろ好まないだけなのでございます。そこにこそ、豊かなこの土地の洗練された人格があると、私は思うのであります。

「置土産」という随筆であなたは、奈良公園について次のように述べておられます。

奈良公園から公園と云ふ称呼を去《と》って、奈良神苑、或ひは奈良何々苑といふやうな、何かいい名を考へ、他の市にある普通の公園からはっきりと此公園を区別して了ふがいいと思った。東京の日比谷公園、上野公園、浅草公園、大阪の天王寺公園、中之島公園、皆公園にちがひないが、奈良公園を同じ公園の呼名で云ふのは少し間違ってゐるやうな気がして来た。或る広ささへあれば何所《どこ》にでも作れる公園と奈良のやうな千何百年の歴史を持ち、更にそれ以前からの原始林をひかへてゐる自然の庭のやうな公園は一緒にならない。

たしかに、あなたがおっしゃるように、かつての興福寺の境内の一部もふくみ、春日野一帯にひろがる空間は、日本のいかなる公園にもかえがたいものであります。それならば、どのような名前がよろしいでしょうか、私たちはいただいた宿題としてしばらく考えてみたいと存じます。

敬具

拝啓　島村利正 様

『奈良登大路町』より

今年も、奈良に春がめぐってまいりました。若草山がしだいに緑にそまってくる風景に、何かが始まるという思いで心なしか人びとの足どりに軽やかさが感じられます。若草山という山の名も、春に因むのでしょうか。

あなたは長野県でお生まれになりましたが、家業を継ぐのにお気持ちが傾かず、大正十五年（一九二六）、十五歳の時、故郷から逃げるように奈良にこられました。そして古美術写真で活躍されていた小川晴暘氏の飛鳥園に四年ばかりお勤めになります。「奈良登大路町」は、その頃のことをお書きになった作品ですが、淡々とした語り口に、師事されていた志賀直哉、滝井孝作氏の影響が感じられます。この作品の他にも、奈良をお書きになっている作品がございますが、ここでは、「奈良登大路町」をよみながら、お気持ちをうかがいたく存じます。

この作品は、昭和四十六年（一九七一）に『新潮』に発表されました。ですから、

島村利正（1912 ～ 1981）小説家

奈良におられたときから、かなり年月がたっております。「青く澄んだあの眼のいろを、私はときどき思い出した」という書き出しから始まります。

「青く澄んだ」眼をしていた人とは、奈良、京都を戦禍から守ったといわれているラングドン・ウォーナー氏のことですが、そのウォーナー氏と交友があり、飛鳥園にいた林さんという人も、この作品に深みを与えていると私は読ませていただきました。

昭和四、五年頃から奈良在住の芸術家たちが、奈良をはなれていきました。たえ難くさびしい時期であったと思いますが、一人飛鳥園に残った林さんは、東京の多摩川のほとりにおられたあなたに時折、飛鳥園の絵はがきにしたためた便りを届けました。

私も林さんに、手紙を書いた。少年時代にはなれてしまった信州の生れ故郷は、厳しく、そして清冽な山と河で、その風景はいつも私の心の底に焼きついて忘れられなかったが、奈良の風物はそれとはまったく反対の、閑雅な美しさで、それはまた、第二の故郷のように、私の胸の底にひそんで離れないものであった。林さんのときどきの便りは、その奈良を、なつかしく思い出させてくれた。

林さんは、昭和十六年（一九四一）十二月八日、いわゆる「大東亜戦争」のはじまった日に亡くなられました。やがて終戦となり、あなたは、その翌年の秋、奈良を訪れます。ちょうど、その日に小川晴暘氏は奈良で講演されていて、あなたも会場に足を運ばれます。

小川さんは羽織、袴で、蒼いひたいに垂れかかるながい髪を、むかしのように掻きあげながら、法隆寺のはなしをしていた。小川さんはそのはなしのなかで、急に顔をあらためると、ウォーナー氏のことに触れた。戦争前からよく奈良へやってきた、ハーバード大学のラングドン・ウォーナー博士の人となりを簡単に述べ、そのウォーナー氏がアメリカ大統領をうごかして、奈良や京都を、爆撃から救ってくれたのだ、とはなした。

その時、ウォーナー氏は、占領軍の最高美術顧問として日本に滞在していたが、来日するとすぐに奈良を訪ねたということでございます。そして、小川氏に「ミスター林は、どうしていますか」とたずねたと、あなたはお書きになっておられます。

ところが、近年になって、吉田守男氏が『日本の古都はなぜ空襲を免れたか』（朝日文庫、二〇〇二年）という著書をお出しになって、あなたがお書きになったウォーナー氏が奈良や京都を爆撃から守ってくれたということについて、反論されました。それはウォーナー氏自身が戦後、そのようなことを大統領に進言したことはないと言っているというのが理由の一つとしてあげられているのでございます。

もう一つの理由は、京都が原爆投下の候補地であったというものでございます。そして「ウォーナー伝説」とさえいわれるようになりました。この吉田氏の著書はアメリカの資料も分析し、詳細に検証した名著だと思うのです。だが、話はさほど単純ではないと私は考えてみたい衝動にかられるのでございます。

戦争の作戦については敵国に利することはありえないのです。まして、そのようなことを進言したという事実が発覚したら、罪に問われることもありうるはずです。もちろん、このことは私の想像ではございますが、歴史的史料として公文書の類に記録される可能性はほとんどないと思うのでございます。

近年、中国の建築史の研究者が、やはり奈良の文化財を戦禍から守るのに貢献されたという話題がございました。この場合も確証的な史料がないということでございます。やはり日本という敵国に利する史料があるはずがないのです。敵国の文化財を守るというのは、いわば、戦争のブラックボックスといってよいのではないでしょうか。

敬具

拝啓　武者小路実篤 様

「新しき村」奈良支部

世界的に政治は混沌としています。生きる目標が見えず、人々は刹那《せつな》的な快楽に身を投じているようでもあり、やがて訪れるかもしれない暗やみを感じとっているのかもしれません。

あなたが、奈良にお見えになったのは、大正十五年（一九二六）の頃でございました。奈良にはすでに志賀直哉さんもお住まいになっているというご縁もあったのでしょうが、前年の十二月に、自らお作りになった年譜に「兄がルーマニアの公使となったので、病身の母のそばに近づきたく、奈良に住む決心をする」とお書きになっておられます。

お住まいは、奈良市水門町でございました。奈良にこられる前はよく知られていますように、大正七年にみずから作られた宮崎県の「新しき村」におられました。「新しき村」とは、あなたが理想とした生活の場を創設するものでありました。人間が人間らしく生き、身分や階級をしりぞけ、あなたのめざす理想郷を実現しようとされま

武者小路実篤（1885 ~ 1976）作家

した。お母さんの介護のためにその「新しき村」を出られるのには、よほどの決意があったと思われます。

あなたが、奈良に来られたのを機に、「新しき村」奈良支部を作る動きがありました。それを提唱したのは、もともとは宮崎県の「新しき村」に住んでいて、あなたより一年前に奈良にお見えになった渡辺三郎という方でした。奈良に、「新しき村」を建設するという現実的な問題はなかったようですが、支部員たちによってさまざまな文化事業をすることが、当面の目的とされました。

「奈良より」(1)というエッセイに次のようにお書きになっておられます。


奈良支部が出来、二十何人かの会員が出来、気持のい、人が集ることが出来たことをよろこんでゐる。いづれ奈良の諸兄と相談して、奈良で何か村の精神に叶ふ仕事をしたく思つてゐる。

奈良は宮崎市よりは僕のゐることをよろこんでくれる人が多いのをよろこんでゐる。奈良では宮崎とちがって僕に一日でもながく居てほしがってゐる。


あなたにとって、奈良はいごこちのよい場所であったようです。大正十五年三月二日の「朝日新聞」は次のような記事を掲載しました。

自分も生き他人も生き全部も生きておたがひに犠牲にせずすむ自由独立人ばかりの立派な世界を建設するにあって、支部員の協力でいろいろの文化事業を営みたいといふにある。参加した人々は各階級に亘って目覚めた若い人達で、加ふるに奈良在住の洋画大家や作家志賀直哉氏らが後援するといふのであるから、古い因習と煮え切らない姑息とで固ってゐる奈良もその衝動で目覚めつつ彼の人らが希望する芸術の都となり得るであらう。ともかく物心両界にわたる新運動で当面の現実問題にのみとらはれて利害関係にのみあくせくしてゐる人達の知らぬ間に一つの尊ぶべき仕事がなされ行くを期待し得るといはれてゐる。

最初の会合は、三月七日に、猿沢池の畔の北村信昭氏の自宅で開かれました。出席者は、これまであなたを慕ってこられた方々をはじめ、高畑町の洋画家浜田葆光氏、飛鳥園の小川晴暘氏、高市郡岡の田園詩人松村又一氏ら二十五名がお集まりになりました。

まず、あなたは「新しき村の使命」についてお話になり、出席された皆さんが今後の奈良支部のあり方について意見交換をされました。毎月第一日曜日を例会として、例会以外にゲーテ祭、クリスマス、トルストイ祭、村の祭などを盛大におこなうことも決められました。その後の例会は大豆山町の満月会の事務所でなされました。

しかし、あなたは、その年の十二月に和歌山に引っ越しになられます。その後もあなたが奈良に来遊された折りには、例会がもたれました。

なぜ、この度、あなたにお手紙を差し上げたかと申しますと、近年の大地震で多くの犠牲者を出した悲しく辛いことを胸に秘めながら、津波の後に、村や町は蘇らねばならないのです。その時に、見た目には新しい風景が立ち上がるのではなく、新しい村や町がどのような精神をもちながら作られるかということが忘れられているように思うからでございます。またしても、政治家や名誉のみしか念頭にない人物が、暗躍して住民の心を省みないことがあってはならないからです。あなたの「新しき村」がモデルになるということではないのですが、権力なきコミュニティについて、考えねばならない時が、もうそこまでやってきていると思うのです。

今もなお埼玉県で続いている「新しき村」を訪ねてわれわれの生きる原点を教わりたいという気持ちになります。

敬具

拝啓　井伏鱒二様

吉野と龍田川での釣果

東日本の大震災による原子力発電所の破壊といっても過言でない大惨事によって、世界の中では、これまで、まあまあ優等生であった日本が、その存在感を喪失していくような思いにかられるのです。

当然のことながら、放射性物質の人体への影響が深刻な問題になりました。その時、あなたの『黒い雨』という作品が思い浮かんだのでございます。世界で最初の原爆被害をとりあげた小説として高い評価を受けられました。直接、奈良・大和に関する場面は出てきませんが、日本が原爆の洗礼を受けた唯一の国である、その国が原発をいとも簡単に受容したことに、この国の思慮の浅さを知らされたのでありました。

あなたは若い頃、画家をめざされ、奈良、京都に写生旅行をされ、そのスケッチを持って橋本関雪の門をたたかれたとのことですが、許されなかったようでございます。

あなたが釣りをこよなく愛し、お好きであったことはよく知られています。『川釣

井伏鱒二（1898 ～ 1993）小説家

り』という作品がありますが、『釣師・釣場』（新潮社、昭和三十五年）というご著書に、吉野川や龍田川にでかけられた話があります。実は、この本は、奈良県立図書情報館に勤務されていたTさんから、教えていただき、わざわざ、「笠置・吉野」という章をコピーまでしていただきました。Tさんも、あちこちに釣りにいかれるということで、あなたのことに関心をお持ちになったとお聞きしました。

「笠置・吉野」の章によりますと、あなたは木津川と吉野川で釣りをされるつもりをしておられて、まずは、笠置にお着きになったのですが、釣場がなく、結局は汽車で吉野に向かわれることになりました。木津を経て奈良、大和郡山、法隆寺、王寺、そして王寺で乗り換えて吉野口、吉野口から電車で吉野に到着されました。吉野の思い出をお書きになっています。

私は吉野には一度、中學生のころ修學族行で行つたきりである。四十何年前のことになる。そのときには六田の渡しを川船で渡り、ちやうど尋常六年の國語教科書第一課「吉野山」に書いてあつた通りの順序で見物した。「六田の渡しを渡り、登り行く坂路の左右、すでに櫻多し。何とか何とか、云々。村上義光《よしてる》の墓を弔ふ。眺望いよいよ開けて、満目すべて櫻なり。」この順序で、銅《あかがね》の鳥居、蔵王堂、皇居の跡を見て、銅の鳥居の近くにある「花のなか宿」といふ旅館に荷物をあづけて見物してまはつた。見物がすんでからもその宿に泊つた。

あなたは、中学の頃に吉野にこられた修学旅行の思い出を、あたかも魚を釣り上げるように、探り求められたようでした。あなたは早くご尊父を病気でなくされ、おじいさまに可愛がられておそだちになり、明治四十五年（一九一二）広島県の福山中学に進学されました。その時の修学旅行で吉野の「花のなか宿」という名の旅館にお泊まりになったと、記憶の糸をたぐりよせられたのでした。しかし、釣り糸を引いても獲物がかかっていないようでありました。

今度、私はその宿に泊らうと思つたが、吉野山のケーブルカーの降車口でハイヤーの運轉手に聞くと、「花のなか宿」といふ旅館は吉野山にはないのだと云つた。私の記憶ちがひであつたらうか。私の泊つたその宿には、襖をはづした部屋の床の間に、廣瀬淡窓の七言絶句の半折が掛けてあつたのを覺えてゐる。

かつて、旅したところを再訪して、思い出を蘇らせたい気持ちは、何か思い出を引き寄せるモノが必要なことは言うまでもありません。

「たしか、花といふ字のつく旅館だ」と私は運轉手に云つた。「花の屋でもなし花壇でもなし、やっぱり花のなか宿だつたやうだ。裏座敷から深い谷が見えた。谷底の木の茂つてゐる間から川が見える宿なんだ。あの谷川は、禁漁になつてるんぢやないだらうな」

「花のなか宿といふ名前の旅館は、吉野の山にはありまへんですね」

運轉手は私たちを竹林院の群芳園といふのへ連れて行つた。

吉野から龍田川へと場所を変えられたのですが、大和での釣果は、芳しくなかったようでございました。

敬具

拝啓 坂口安吾 様

風景にふれなかった飛鳥

東北地方を襲った大地震や、熊本地震から年月を刻みましたが、日本人の心の底にあるずしりと重いものは今もそのままです。

昭和二十一年（一九四六）に四月に『堕落論』を発表され、戦後のうちひしがれた日本人に大きな衝撃を与えられました。戦争と震災はもちろんちがいますが、安易に原子力発電の上にあぐらをかいてきた日本という国に当てはまるように、私には思えてなりません。次のようにお書きになっています。

戦争がどんなすさまじい破壊と運命をもって向うにしても人間自体をどう為しうるものでもない。戦争は終った。特攻隊の勇士はすでに闇屋となり、未亡人はすでに新たな面影によって胸をふくらませているではないか。人間は変りはしない。ただ人間へ戻ってきたのだ。人間は堕落する。義士も聖女も堕落する。それを防

坂口安吾（1906 ～ 1955）小説家

ぐことはできないし、防ぐことによって人を救うことはできない。人間は生き、人間は堕ちる。そのこと以外の中に人間を救う便利な近道はない。

私たちは、原発によって太平の夢をむさぼっていたのでしょうか。私たちは、この国の現状を直視しなければならないことは認めねばなりません。

あなたの美についての思想も『日本文化私観』によって、するどく日本の常識的な美意識を脇にしりぞけられました。お住まいの取手から東京に出てこられる途中に観る一カ所たりとも美的装飾のない小菅《こすげ》刑務所の建物や、聖路加病院近くの一切美的考慮のないドライアイスの工場、さらにある港町に停泊していた軍艦に美をみいだされたのでありました。そして次のように記されています。

この三つのものが、なぜ、かくも美しいか。ここには、美しくするために加工した美しさが、一切ない。美というものの立場から附加えた一本の柱も鋼鉄もなく、美しくないという理由によって取去った一本の柱も鋼鉄もない。ただ、必要なもののみが、必要な場所に置かれた。そうして、不要なる物はすべて除かれ、必要のみが要求する独自の形が出来上っているのである。それは、それ自身に似る外には、他の何物にも似ていない形である。必要によって柱は遠慮なく歪められ、鋼鉄はデコボコに張りめぐらされ、レールは突然頭上から飛出してくる。すべては、ただ、必要ということだ。そのほかのどのような旧来の観念も、この必要のやむべからざる生成をはばむ力とは成り得なかった。そうして、ここに、何物にも似ない三つのものが出来上ったのである。

そして、あなたと大和とのご縁について申し上げねばなりません。昭和二十六年『文藝春秋』に連載の「安吾新日本地理」の取材に吉野から飛鳥においでになりました。「飛鳥の幻」というタイトルで掲載されましたが、飛鳥にいたっては、ほとんど風景に一瞥もされていないかのような文章になっています。

吉野宿で夜の十二時に覚まされ、地図をみたり考えたりし、四時起床、五時半に出発したとお書きになっていますから、飛鳥の地をふまれたことは確かなことだと思います。ところが、飛鳥にかかわる文章は平安時代の初めに書かれた聖徳太子伝の『上宮聖徳法王帝説』をことさらとりあげておられます。

それは、あなたが、歴史はタンテイ（探偵）だという考えによるものでした。つまり、記紀にのみ基準をおく史家の方法を批判されました。その点において、通俗的なものをするどく批判するあなたの態度をここにも見ることができます。
『上宮聖徳法王帝説』には、文字が読めないので欠字となっているところが何カ所かありますが、そこには天皇という文字を補うことによって、蘇我氏が天皇であったというイメージを膨らまされています。なぜこの本をとりあげられたかという理由について、「私は二十五年前の坊主学校の生徒だったから、否応なしにこの本を読まされたのですよ」とおっしゃっています。ただ、それだけではなく、『日本書紀』が隠蔽している史実を暴き出そうとされたのでした。

法王帝説の無感情な事実の記述は静かだね。冷めたく清潔で美しいや。それが事実というものの本体が放つ光なんだ。書紀にはそういう清潔な、本体的な光はないね。なぜこんなに慌しいのだろうね。

飛鳥の風景に全くふれられていないのはなぜでしょうか。それは、『日本文化私観』に「法隆寺だの平等院は、古代とか歴史というものを念頭に入れ、一応、何か納得しなければならぬような美しさである。直接心に突当り、はらわたに食込んでくるものではない。どこかしら物足りなさを補わなければ、納得することが出来ないのである」

と記されました。日本人の教養的美意識の無意味さを断ち切ろうとされたのでございました。

敬具

拝啓　柳田国男 様

地名研究家池田末則氏の思い出

大きな地震の傷跡を残しながら日本列島に寒波が容赦なく襲いかかってくる季節となりました。あなたの足跡でよく知られるようになりました岩手県の遠野も平成二十三年（二〇一一）の東日本大震災の被害が少なくありませんでした。

大和も、同じ年に吉野・五條は台風による甚大な水害をこうむりました。自然に対して人間がいかに弱い存在であるか、いまさらながら思いしらされました。

そのような災害に見舞われて気持ちが動転している時、一枚の訃報を受け取りました。あなたを尊敬し、長年にわたって奈良県の地名をこつこつと調べて、大きな業績を残された池田末則氏が亡くなられたという知らせでした。私も、若い頃にずいぶんとお世話になり、寂しさがこみあげてまいりました。

池田末則氏の『地名伝承論』（一九七七）には、「特に民俗学者柳田国男先生は、明治末年から昭和十年頃まで、地名の重要性を啓蒙し、『地名の研究』（一九三六）を著

柳田国男（1875 ～ 1962）民俗学者

わし、日本の地名学の基礎づけについて精細に論証されている」と記されています。他の研究者の名前があげられている中で、あなたに限って先生という敬称がつけられています。

そのことで思い出すことがございます。今回の水害をさけることができなかった野迫川村の調査に二十年も前に出向かれた池田氏に私もお伴した時、夕食の折、酒も出ていたようでもありますが、私と同じぐらいの若輩が「柳田国男が……」と言った瞬間、間髪いれずに「柳田国男先生といいなさい！」と叱咤されました。池田氏にとって、あなたは先生でなければならない存在であることが、その時よくわかりました。

あなたが奈良県にお越しになった時にお書きになった文章としては、「丹波市記」（『郷土研究』大正五年五月）がございます。

大正五年（一九一六）四月三日、天皇・皇后の畝傍山陵の親祭と橿原神宮親拝にあなたが参列された時のことであります。端正というべきか、みごとな文章に、あらためて今日の乱れつつある日本語のことを思わずにはいられません。

あなたは、奉迎の人達が帰途につく様子を「老若男女が、幾つかの群になって帰っていくのが、耳成《みみなし》の山を背景にして、いかにも長閑《のどか》な画のように見え始める。……十市《とおち》の里を北へ抜けて、大きな池の堤に立って四方を見ると、大和国原ははやすでに、まったく閑寂なる元の田舎になつていた」と描写されています。

いかにも、賑わいが、潮が引くように静寂になっていくことが、目の当たりに感じ取ることができます。三輪山のあたりを次のように書かれています。

三輪の山は外線がいかにも美しい。その後に引込んで立つ高い山は、「纒向《まきむく》の穴師《し》の山に雲ゐつつ雨はふれども沾《ぬ》れつつぞ来る」と歌われた、あの『万葉集』の山であろう。今は上通りと呼ばれている山の下の道を、正北《まきた》へ歩いて行くと、三輪の神の花嫁御の墓だという、箸中の塚の下を通る。最も古い帝都の多くあったのはこの辺の傾斜地で、ここから見ると葛城山脈の入日の景色が、二千年の昔もさぞ花やかであったろうと思う。

そして、あなたは、天理教の聖地に向かわれます。

丹波市は元来石上神宮への岐路であるために、できた町であるらしい。現に今も布留《ふる》川の水が町中を走って、特色のあるこの宗教の礼服や土産物の天理煎餅などを売っている家々に、物洗ひ場の便を供与している。三島庄屋敷の新聖地は、すなわち布留社《ふるのやしろ》の参詣路の中程に出現したもので、あたかも天理教庁へ行くための路のごとくなった、二千数百年の古い道を、多くの信者が、何かこの奥にもまた別の御社があるようだ、などというようにならぬ用心のために、官幣大社の方では偉大なる石柱を、前の丁字路頭に建てているが、天理教の方では特にこれという道しるべを必要としていない。

あなたは、天理教の聖地にある教会の詰所などをめずらしそうに見ながら本殿に歩をすすめて行かれました。あなたにとって天理教の聖地を歩かれるのがはじめてであって、いろいろと観察されている様子をお書きになっています。民俗学者としては、いささか表面的な記述のように思われますが、大和の盆地に新しく出現した天理教という宗教にあなたはいろいろと考えをめぐらしておられたように思われます。

あなたが丹波市にお見えになって二年後に池田末則氏はお生まれになります。昭和三十四年（一九五九）に、池田末則氏は國學院大学の学長室であなたにお会いになっています。その時の写真が、前掲の池田氏の著書の後記に載せられています。敬具

拝啓　宮本常一様

生駒谷を歩いた日々

奈良の冬も、近年は暖かくなりました。私が子供の頃は雪もよく降りました。アスファルトの敷かれていない地道の水たまりには氷が張って、そこを滑りながら学校に通ったものです。少し大げさに言いますと、その頃の私たちは「野生」と寄り添って暮らしていたようにも思えます。

その冬が過ぎれば、郡山城のあたりに桜の蕾がふくらみ、春のおとずれを感じるのでした。あなたが、郡山城址の郡山中学校に一年四カ月ほどお勤めになりました。以下、あなたの著書『民俗学の旅』（日本図書センター、二〇〇〇年）によって書かせていただきます。

昭和十九年（一九四四）三十七歳の時に東京の渋沢敬三邸につくられたアチック・ミューゼアム（のちの日本常民文化研究所）での仕事を終えて、妻子のおられた大阪にお帰りになりました。幸いにも、あなたは奈良の民俗学の親友岸田定雄氏のお世話で

宮本常一（1907 ~ 1981）民俗学者

郡山中学の教員の職をえられました。あなたは振り返って、生涯において一番楽しい時ではなかったかとおっしゃっています。

お住まいの当時の大阪府泉北郡鳳町（現在の堺市）から、今の阪和線で天王寺にでて、さらに関西線で郡山まで通勤されました。

渋沢敬三氏から、「君には学者になってもらいたくない。学者はたくさんいる。しかし、本当の学問が育つためには、よい学問的な資料が必要だ。……君はその発掘者になってもらいたい。こういう作業は苦労ばかり多くてむくいられることは少ない。しかし君はそれに耐えていける人だと思う」とあなたは語りかけられました。

郡山中学の周辺には薬師寺、唐招提寺、菅原寺、西大寺、法隆寺、法起寺、法輪寺などの寺々があり、郡山の西には史蹟の多い生駒谷があり、あなたにとって、それらをみて歩き観察することは、渋沢敬三氏の指示に忠実な、日頃の民俗調査と変わりないことでありました。

「私は学校の帰りにはそれらの寺や史蹟を足にまかせてあるいた。そして生駒谷の集落は一年あまりの間にその八割方をあるいた。寺々もよく訪れた」と書いておられます。そしてその時の様子について次のように述べておられます。

「寺へいって郡山中学の歴史の先生というと大ていい鍵を貸してくれて、勝手に金堂や講堂へ入ることを許してくれた。その頃これらの寺へまいる者はほとんどなかった。そこで仏像もほとんど須弥壇の上に上って拝んだ。奈良の主《ぬし》といわれた高田十郎先生が仏像はただ見るだけではだめで、さわって見なければならないと教えてくれた。そこでいちいちさわって見た。それによって仏像の持つ生命力のようなものを知った。すぐれた仏像は強い迫力をもっていた。」

郡山中学の生徒たちも、あなたの影響を受けて育っていきました。

「生徒もまた打てばひびくようなすばらしい者が多く、放課後は歴史の研究室へやって来ておそくまで話しこんでいき、それが私の放課後の散歩を阻碍するようになっていった。しかしそうした中から民俗学や考古学を生涯の仕事として選ぶ者が何人か出て来ることになる。

戦争はいよいよ末期的な症状を呈しはじめていたし、三年以上の生徒も学徒動員で名古屋の工場へ働きにいくことになったが、学校にはまだ一、二年生が残っていて、私はその生徒たちの相手をしていた」と記されています。

二年足らずの郡山中学での教師生活を終えて、大阪府庁にお移りになりました。その後離島や瀬戸内海の研究など精力的に活躍され、昭和四十一年（一九六六）に近畿日本ツーリストの肝入りで作られた日本観光文化研究所の初代所長になられ、翌年『歩

く　みる　きく』という雑誌を創刊されました。

なぜ、このことに私の関心があるかと申しますと、詳しい事情はよく存じませんが、日本観光文化研究所が研究活動をやめざるをえない事態となり、その後、旅の文化研究所という名で再生されたときに、私もお手伝いすることになったからでございます。

当初は日本観光文化研究所を引き継ぐというかたちで近畿日本ツーリストによって資金面でのバックアップがありましたが、今では近畿日本鉄道のお世話になっています。先生とお会いする機会がなかったのでございますが、先生のご薫陶をお受けになった方々から、先生のお話をうかがうにつけ、何かご縁があるような感じがするのでございます。

敬具

拝啓　土門拳 様

待ちこがれた雪の室生寺

春といえば桜でございますが、あなたは大野寺の樹齢三百年といわれる枝垂桜を何度も愛でられたのではないかと想像します。大野寺は、室生寺のかつての西の大門の位置にあたるということでございますが、あなたの作品にこの見事な枝垂桜と鐘楼を撮られたのがございます。画面を花の部分だけで埋められている構図は、まるで桜の花が天から舞い降りてくるような流動感を覚えます。

私のような大和の人間は、「土門拳と言えば室生寺」と思いがちですが、奈良や西の京の寺々も写しておられ、『古寺巡礼』という作品集もお出しになっていることは、よく知られています。でも、カメラ少年であった私の中学時代に、新聞か雑誌にあなたが、まるで獣をねらう猟師のような身構えで室生寺を撮影しておられる写真を拝見した時の、鮮烈なイメージが今でも脳裏に焼き付いているのでございます。

私も何度か、室生寺にお参りしましたが、なぜ、この寺にあなたがカメラをもって

土門拳（1909 ～ 1990）写真家

直視されてこられたのでしょうか。

このようにあなたはおっしゃっています。「室生寺は春夏秋冬それぞれに魅力があるが、椿、桜、石楠花がつぎつぎに咲く春が一番室生寺の室生寺らしい季節かもしれない。時間をたっぷりとって、ゆっくりと自然と芸術と二つながらの美しさを味わうのがよいのである」と。このお言葉と、最近『古事記』を読んでいます私の気持ちが通じることに、はっと気づいたのです。あなたがおっしゃっている「自然と芸術」は、いずれも「カミ」のことではないかと思うのです。少し考えてみますと、きれいな花、樹木の見事な枝振りなど、人の手によってなしうるものではございません。それを古代の人々は「聖なるカミ」の作品としてみたと思いますが、一方、絵画や音楽、彫刻といった芸術は「カミ」に迫る行為ではないでしょうか。

室生寺とその境内を撮影された写真の数々について、あなたに話しかけることは、はなはだ迷惑でしょうが、二、三点とりあげさせていただきます。

「室生寺 鎧《よろい》坂　金堂見上げ」(一九七八年)のカラー写真は、金堂に通じる石段の下から上の金堂を見上げた作品でございます。下の石段が大きく左右に張り出していて、上方に向かうにつれて石段の幅が狭まっていくように見えます。それは、あたかも音楽のリズムが変化して、ついに金堂のもとに至るという旋律が聞こえてくるようです。

ホトケに近づこうとする信仰者の心がみえるように私は感じます。石段の両脇には石楠花《しゃくなげ》の愛らしい薄桃色の花が並び、この石段を登る参拝者の緊張した気持ちを解きほぐしているようでもあります。

仏像の写真について私の知人の美術史家の話によると、頭部というかお顔というか、その部分を撮影するのは写真家の感性と力量だといいます。同じ仏像のお顔を写しても、写真家によってずいぶん違うものだそうです。私のような凡人にとっては、同じ仏像をいろいろな写真家が写されても、さほど変わっては見えないのですが、実際には、それぞれの仏像のお顔を写すのに決定的なアングルがあるそうでございます。と申しましても、それも主観的なアングルでありましょう。

あなたの作品に室生寺の「十一面観音立像面相」(一九六六年)というのがございます。観音さまのお顔だけを向かって左斜めから写されたもので、見かけは無表情ですが、悩める衆生に語りかけようとする寸前のお顔のように、私には伝わってくるのです。

あなたは、当時住職の荒木良仙師が「全山白皚々《はくがいがい》たる雪の室生寺が第一等であると思う」とおっしゃった言葉が耳から離れず、どうしても雪の室生寺を撮りたいと思われたのでございました。昭和五十三年(一九七八)、毎日、毎日雪の降るのをお待ちになりました。そして三月十二日、定宿橋本屋の女将初代さんが、寝間着姿であなたの部屋に「先生、雪が……早く起きてください」と飛び込んでこられて、あなたの手を引っぱったというではありませんか。あなたと初代さんとは「とうとう雪が降りましたね」と手をとりあってうれし泣きされたのでした。

そして初代さんは、はなむけの和歌を詠まれました。「待ちこがれる雪降りきたり思わずと手を握り合う水取りの朝」。奈良にはよくございます、早春の雪でございました。

敬具

拝啓　直木三十五　様

逢ふなら、奈良

吉野の山に例年になく雪があつく積もったと知り合いが話してくれた冬がございました。十津川村や五條市の大塔地区が豪雨に襲われ死者もでたのは翌年の夏のことでした。東日本や熊本の震災とともども、いたましい災害に対して、科学の微力を思わざるをえません。研究者が、みずからの手柄を誇示することにあくせくして、人の心に自らの視座を置かなくなりつつあるのも、近年の日本の衰退を物語っていると思うことがございます。

あなたの名前をとった直木賞については、多くの人によく知られていますが、奈良県にご縁のあることについては私も最近まで詳しく存じあげませんでした。

あなたは大阪でお生まれになりましたが、ご両親の里は奈良県でございました。お父様の惣八様は、現在の北葛城郡広陵町大野で、お母様のしづ様は磯城郡川西町下永でお生まれ、お育ちになられました。いずれの土地も私の住まいに近いところですの

直木三十五（1891 ～ 1934）小説家

で、親近感をおぼえるのでございます。

明治四十三年（一九一〇）、十九歳の時に、大阪府立市岡中学校をご卒業されますが、岡山第六高等学校の受験で、最初に苦手な数学であったからその場で「こらいかん」と、断念されました。その年の十一月に奈良県吉野郡白銀村奥谷尋常小学校の代用教員となられます。尋常小学校のあった白銀村奥谷は、昭和三十四年（一九五九）に西吉野村の一部になり、今は五條市に属しています。白銀村という村名は、明治二十二年に、近くにそびえる標高六一二メートルの白銀岳にちなんで命名されたのでございました。

この尋常小学校の校舎の傍にヤマモモの木がございました。あなたも目をとめられたとお察ししますが、今では、天然記念物として巨木に育っております。その近くの案内板には、次のように書かれているのでございます。

ヤマモモのあるこの小学校へ、明治四十三年十一月から数ヶ月間植村宗一（後の直木三十五）氏が代用教員として赴任されている。
当時を知る人たちの聞き伝えによると、植村先生は「おおらかで、学校の側にあるヤマモモの巨木に登って大声でデカンショ節を歌ったり、時には樹陰に机を出して児童と一緒に勉強した」という。

あなたの磊落なご性格が伝わってまいります。この尋常小学校を翌年の三月にお辞めになります。その年の九月に早稲田大学英文学科予科純文芸科に入学されました。あなたの、奈良を舞台にした作品に「逢ひに奈良行く」（初出『苦楽』大正十三年＝一九二四）がございます。深刻なストーリーがあるわけではなく、松と香と坊の三人の男が大軌道電車（今の近鉄）に乗って大阪から奈良に遊びに行く途中、奈良での散策中の軽妙な会話を記されたもので、一見、シナリオのセリフを読んでいるような印象をもちます。たわいもない会話がつづくのですが、そのテンポのはやさに、読者がひきこまれていくように工夫されているようでもございます。奈良の食べ物については次のように語られています。

坊「本当にお腹が空いてきたよ。武蔵野へ入らうか。」
香「奈良は何処もうまくなくつてネ。大阪へ出てやらうよ。」
坊「月日亭へ行こか、静かでい、ぜ。」
松「四季亭が気楽でい、よ。」

香「さあこの野郎、いつ四季亭へ行つた。東京から来て奈良は始めてだと云つた癖に、気楽でいゝなどと、よくも吐《ぬか》かしたナ。」
松「マントをつかむなよ、皺《しわ》がよると直らねえ代物だからナ。」
香「白状しないともつと皺くちやにするぞ。」
松「云ふよ〳〵、御察しの通《とおり》あいつとだよ、武蔵野は人目が多いから、四季亭にしよってネ、逢ふなら何処がいゝつたら。逢ふなら、奈良。」

あなたの作品では、このような会話体が続くのは、これが唯一だと思いますが、駄洒落風の表現が頻繁に使われていることなど、ふと、私は大阪のしゃべくり漫才に通じるように思われました。「逢ふなら、奈良」もその一つであると気づきました。大阪で青春時代まで過ごされた名残りでございましょうか。

敬具

（参考文献）植村鞆音『直木三十五伝』文藝春秋、二〇〇八年と全集第八、十二巻

拝啓　バーナード・ショー様

東大寺の鐘を撞く

夏が巡ってまいりましたが、大震災による原発事故以来、日本の電気事情は楽観を許せない状況となっています。しかし、それは日本だけではなく、国際的な問題として論議されるべき課題だと思います。

皮肉まじりで警世的な発言をされてきたイギリスの文豪のあなたなら、今回の原発事故についてどのような言葉を発せられるか、知りたいものでございます。

あなたは、昭和八年（一九三三）に七十七歳のご高齢で、世界観光の豪華船エンプレス・オブ・ブリテン号で奥様とご一緒に世界周遊して日本に立ち寄られ、東京、京都、大阪を訪ねられたあと奈良におみえになられました。

小さい家々の連続を、日本本土の汽車旅行の車窓から見つつ大阪に来て、建って開もない千日前の巨大な劇場・歌舞伎座の前に立ち、そのアンバランスについて、さっそくチクリと得意の表現でつかれたと、北村信昭氏が『大和百年の歩み　文化編』（大

バーナード・ショー（1856 ～ 1950）文学者

和タイムス社、一九七一年)に書いています。

奈良では、とりわけ東大寺の鐘の音に感動されたことを、恩田和子氏が「奈良県観光」(昭和三十六年五月十日号)に寄稿されていますのでその文章にしたがって、あなたの奈良での印象を振り返ってみたいと存じます。

こんな風に書かれています。「日本に来てからまだ肝の底からただの一度も―こいつあ、いい……―って言葉を漏らしたことのないショウ翁が(三月)四日の奈良見物で遂に兜をぬいだ、そんなにも強く文豪の心を打ったものは……」

以下も恩田様の文章をなぞらえるように、ほとんどそのまま借用させていただき、あなたの奈良での発見について書かせて頂きます。

四日午後二時頃あなたは大仏さんを拝みに奈良公園を歩いておられました。三月の初めですから、まだ桜の花の風景は訪れていませんでしたが、遠くに春霞がただよう頃ではありました。あなたの耳にボーンという鐘の音がきこえてきました。一瞬、あなたは、足を停められたのでございました。でも、ガイドの方と並んで歩いておられたものですから、足並みをもどされて東大寺の方向にお進みになられました。

大仏を拝観され、帰り道を歩まれている時、またしてもボーンという音がきこえてまいりました。あなたは、今度ばかりは立ち止まられたのでございます。しばらくして余韻が霞の中に吸い込まれていきました。その瞬間あなたは、「今のは何だ。こいつは素敵だ。世界中でこんな審美的な音を聴いたことがない。ぜひ、そこへ連れてってくれ」とおっしゃいました。

あなたは、夢のような足取りで坂道をのぼり、鐘楼のところに行かれました。あなたは音の精につかれたようでございました。

大きな撞木、ところどころ錆びた鐘。「ホホウ、詩の主はこれだナ、一度撞くのに五銭要るんだナ、よろしい、わしはここに持っている金をみんなはたいてしまってもよろしい、一日中ここで送ってもよろしい、誰か撞いてみて下さい」とおっしゃいました。

そこで側らの一人が渾身の力をこめて打つ……ガーン……。「ひやあツ、そんなにきつく撞いてはだめだ、ほんの軽く低音と余韻を楽しまなければ……」とあなたはおっしゃり、こんどは、あなた自身で撞木をとり軽く鐘にあてては耳をそばだて静思黙考をされました。

「ホホウ、ホホウ、これは素敵、イギリスのビッグ・ベン（註、国会議事堂の塔上の時鐘）など遠くおよびもつかぬ」と感動を隠しきれずに話されました。

こんどは撞いては鐘の下に佇み静思され、出て来てはまた撞き、何度もくり返し、白いヒゲも余韻にふるえているかのようでございました。

あなたの世界一周の旅を思う時に、菜食主義者であったあなたが船の中で、あるいは道中でおそらく特別のメニューを注文されたはずだと想像します。奈良では何を召しあがられたのでしょうか。八十五歳の頃、菜食主義なので元気に仕事をされていて、死のうかと思うが、なかなか死ねないと冗談まじりでおっしゃったと伝えられています。

奥様とご一緒に奈良に来られ、おそらく東大寺の鐘の音もご一緒におききになったと思われるのですが、その後奥様がお亡くなりになり、あなたは生きる気力を失われ、九十三歳でこの世を去られたのでございます。

敬具

本文の大部分は、恩田和子氏の「東大寺の鐘鳴り出でよ」(『奈良県観光』昭和三十六年五月十日号)の文章からの引用などに負っています。

拝啓　今東光様

春日大社でのお茶会

近年、「先ゆき不透明」とか「先行き不安」などと、しばしば語られつつ、今年も秋がめぐってまいりました。

『大和百年の歩み　文化編』（大和タイムス社、一九七一年）所収の北村信昭氏の「今東光　奈良の休日」によりますと、昭和二十五年（一九五〇）の夏、北村氏は、一枚の広告ビラに春日大社若宮に新設された易断所で今東光という人物が易者であると書かれていて、その易者が作家のあなた自身であることを知り、驚かれたそうでありました。

その易断所は若宮の社殿の南にありました。秋から一年間、あなたは、春日大社で易学の講義もされました。あなたが易学に造詣が深かたことは、私はよく存じ上げませんでした。すでに易学書『今氏易学史』を昭和十六年に著しておられたことも、最近春日大社の岡本彰夫元権宮司からご教示を受けました。

今東光（1898 ～ 1977）僧侶・小説家

春日大社には週二回もこられて、それも毎回東京から夜行列車でお越しになりました。昔は勅使館として使われていた社務所の奥座敷で講義を、水谷川宮司ご夫妻や職員の方々、県庁の関係者にされました。まことに閑静な場所で奈良の秋を満喫されながら講義をされておられました。

いつも、洋服の着たきりスズメでお見えになり、着替えを持参されませんでした。そこで宮司の奥様の黄八丈の着物を丹前にしたのをお借りになっておられました。ところが、ある日のこと、境内の寿月観《じゅげつかん》でお茶会があるから、すぐに来るようにと若い御巫《みかんなぎ》が案内に見えました。

あなたは、白羽二重《しろはぶたえ》に緋《ひ》の袴をはいた若い御巫を見つめられてなまめかしく感じられました。墨染の衣をきた剃髪の尼僧を見慣れておられたあなたは、御巫を物めずらしく、そして妙に美しく思われました。

御巫から、早く行くようにとうながされて、宮司の部屋にあったありあわせの袴をつけて、裏庭から石段を昇って寿月観に行かれたのでございます。

ところがでございます。行儀よく並んでお座りのお客様が、あなたのお姿を見るなり、うつむかれたのございます。声を立ててお笑いになる方はおられなかったのですが、客人たちの背中がもくもくと起伏している様子をごらんになって、笑いがとまらないらしいと、お察しになられました。宮司の水谷川《みやがわ》ご夫妻も苦笑されたのでございます。

お茶席に黄八丈の丹前を着られて、季節は秋であるのに、手当たり次第にひっつかんだ絽《ろ》の夏袴《なつばかま》をおはきになって素足で茶席につかれたのでございました。いかにもあなたらしい、飾り気のないお姿を想像いたしますが、あなたは「興覚《ざ》めたことだったと考えて恐縮した」と、お書きになっています。

ここに記させていただいたお茶会の話は、あなたの『みみずく説法』（光文社、一九五七年）に収められました「お茶席に丹前」という随筆をほとんどそのまま、引用させていただきました。

あなたが、形式張った振る舞いを好まれなかったのは、やはり、お茶席の時にもたれた印象で知ることができます。また、『みみずく説法』の中から前にあげさせていただきました「お茶席に丹前」につづいて「衣食住」という文章を拝読させていただきます。

……あのお茶の扱いなどという細かい仕種《しぐさ》は、とんと我慢がならぬ。利休などという人物は、ちゃんと茶はただ飲めば好いのだと言っているのだ。それを後世、やくざな奴か、気障《きざ》な奴が出て、あんなに小うるさく、華美にして仕舞ったのだ。
その証拠に「南坊録《なんぼうろく》」という書物に、利休のお弟子の南坊宗啓《なんぼうそうけい》という坊主が、お茶の心得を聞いたときに、「小座敷の茶の湯は、第一仏法を以て修行得道する事なり。家居の結構、食事の珍味を楽とするは俗世の事なり。家は漏らぬほど、食は飢えぬほどにて事足るなり。これ仏の教、茶の湯の本意なり云々」と。

今日、日本のあちこちを見渡しますと、この国はまさに、「似たり寄ったりの社会」になりつつあります。あなたのような破天荒なお人柄から溢れ出る気概を、この世の中にばらまいていただきたく切に思うこの頃でございます。

敬具

拝啓　菅政友 様

石上神宮の禁足地で大刀発掘

今年も石上神宮の鎮魂祭が終わりました。最近、元気をなくした若者たちが増えたのを見ておりますと、私は古代よりこの国に伝わってきた鎮魂祭にあらためて関心をもつようになりました。あなたが大宮司でいらっしゃった時も鎮魂祭の神事を主宰されていたと拝察します。

ご尊父が町医をされていた水戸でお生まれになりました。郷校の館守をなされ、安政六年（一八五九）水戸藩の修史局である、彰考館《しょうこうかん》にお入りになり『大日本史』の編纂に従事されました。そこに、十数年お勤めの後、明治六年（一八七三）に石上神宮の大宮司としてお見えになりました。大宮司として着任された翌年、あなたは何人も足を踏み入れてはならない神宮の禁足地を発掘されました。禁足地は拝殿と本殿の間にあって、高さ八〇センチほどの盛土がされていました。発掘許可を神祇官に求め、教務省の地方官立ち会いのもとで三日間にわたって、発掘されました。

菅政友（1824 ～ 1897）歴史学者

今、考えても、大宮司が禁足地を発掘するというのは大胆不敵な調査であったと思います。私は、あなたがそのような前代未聞の発掘調査を敢行されたのは、水戸史学の考証学的学風をもって歴史学にむかっておられたからであろうと思います。

発見目録（明治七年八月二十四日付）によりますと、神剣一振や管玉、勾玉、丸玉、鈴一個などで、神剣については実測図がつけられていました。予想に反して、大量の遺物類の発見はなかったのですが、最も注目すべきは神剣でした。『古事記』の、神武東征伝承についての次のような記事と対応するからです。

カムヤマトイワレヒコ（後の神武天皇）の軍勢が熊野の地を大和に向かっているとき、突然、熊がでてきて、一行は気力を失い、伏せてしまった。その時、熊野の高倉下《たかくらじ》という人物が、大刀をカムヤマトイワレヒコに献上した。その大刀でもって熊野の荒ぶる神を切り倒したので、軍勢に元気がよみがえった。カムヤマトイワレヒコは、高倉下にその大刀をどこで得たのかと尋ねたところ、夢にみた話をした。その夢とは、アマテラス大神とタカギ（高木）の神がタケミカヅチ（建御雷）の神に、葦原中国（あしはらのなかつくに）が大騒ぎであるから、地上に降りて助けるように命じたところ、タケミカヅチの神は出雲を平定した時の大刀があるから、それを降すということで、高倉下の倉の棟板を突き破った穴から落としいれ、高倉下からカムヤマトイワレヒコに手渡すようにと言った。この大刀の名前はサジフツ（佐士布都）の神、別名をミカフツ（甕布都）の神、あるいはフツノミタマ（布都御魂）と言い、石上神宮に鎮座している。

ということで、あなたは、おそらく、その大刀が禁足地に埋められているのではないかとお考えになったのではないかとお察しします。あなたの予測どおり、大刀が出土したのでした。発見目録にいう神剣のことで、身の長さ二尺二寸五分（六八・一八センチ）幅一寸二分（三・六四センチ）と計測されました。あなたはこれをもってフツノミタマと断定されました。

以上の業績とともに、七支刀の銘文の解読も、だれよりも先駆けてなされたことも、ご紹介させていただかねばなりません。

石上神宮の大宮司をお辞めになった後、明治十年（一八七七）太政官修史館にお勤めになり、官制の改定によって帝国大学書記として臨時編年史編纂掛の任につかれました。あなたの全集（明治四十年）を拝見しておりますと、「修史家ハ地理ヲ知ラザル可カラズ」という短文を収めておられます。現代語に訳して一部を抜書きさせていただきます。

修史家（歴史家）が知っておくべきことは、地理である。地形の高さ、低さ、険しいこと、なだらかなることを知っておかねばならない。川の広さ、狭さ、深さ、浅さも知っておかねばならない。土地の遠さ、近さ、東か、北かも知っておかねばならない。しかし、国土の広さについては、古今の時代差もはるかに離れていて、そのことを記している書籍も多くあるが、簡単な作業ではないので、保留しておくとして、諸国の駅路、東西の官道についての沿革を、とりわけ考えなければ、某官の往来、某将の戦いも、東西遠近が定かでないならば、修史には、大変、不便なので、私は、かねて駅路の沿革を考えようとしたけれども、それも、すぐには容易ではなかった時に『延喜式』の諸国の駅馬を記した箇所に駅の名が書かれているが、今日、その駅名の残っているのが少なく、名前の変わったのも多いようだ。

と書かれています。歴史地理学を専攻しています私にとっては、興味をもって拝読させていただきました。

敬具

あとがき

本書は雑誌『喜楽』（喜楽編集室編、飛鳥書房）に二〇〇六年から二〇一二年にかけて書名と同じタイトルで連載した書簡風の文を一部補訂し文集としたものである。奈良は二〇一〇年に遷都一三〇〇年の記念祭を迎えたが、連載はその前後にわたって綴られた。

歴史都市奈良が、この頃から次第に容貌を変えつつあった。それに同調するように、私は、国際日本文化研究センター教授と併任ということで、二〇〇五年に奈良県立図書情報館長に着任し、生まれ育った土地にあらためて目を向ける機会をえた。

本書には、明治よりこの方、いわば往年の奈良を訪れた、あるいは奈良に関心をもった各分野で名の知られた人々の筆によって奈良に寄せる思いを書かれた文に寄添って、私からその方々へ差し上げた手紙という形式をとってみた。

本書にとりあげた方々の文に接しながら、奈良に対して愛惜の念が漂うのを思わざるをえなかった。何人かの方は、傷ついた心を癒そうとして、奈良にさ迷ったと、告白されている。世に大家と言われてきた人の青春時代のつまずきと、奈良の風土によってその人が暗闇から救いあげられたという文章は、奈良がおのずと果たしてきた役割のようなものを語りかけている。

ことさら、奈良をさ迷い歩いたのではなくとも、奈良に遊ぶ心に、この地の風景の優しさと温もりが注がれるからであると私は思う。

ここに登場していただいた方々以外に、もっとたくさん、奈良をたずねた作品や記録があるはずである。私も今後とも、そのような方々の足跡を探したいが、読者の皆さんも目にとめられたらお教えいただきたい。続編の準備をしたいと思う。

本書の上梓もまた東方出版会長の今東成人氏の恩情にすがりつくことになった。編集においては、細部にわたり北川幸氏のお世話をいただいた。『喜楽』連載に労をとっていただいた矢ケ井敏美氏。記して謝辞としたい。

二〇一七年十一月　大和磯城の里にて

千田　稔

千田　稔（せんだ・みのる）

1942年奈良県生まれ。

京都大学大学院文学研究科博士課程を経て追手門学院大学助教授、奈良女子大学教授を経て国際日本文化研究センター教授。

現在、国際日本文化研究センター名誉教授・奈良県立図書情報館館長。博士（文学・京都大学）。

濱田青陵賞、日本地理学会優秀賞、奈良新聞文化賞、古事記出版大賞を受賞。

〔近著〕『飛鳥の覇者』（文英堂）、『こまやかな文明・日本』（NTT出版）、『別冊太陽　古事記』（監修・平凡社）、『古事記の宇宙《コスモス》――神と自然』（中央公論新社）、『古代の風景へ』（東方出版）、『亀の古代学』（東方出版）、『古事記の奈良大和路』（東方出版）、『古代天皇誌』（東方出版）、『古代飛鳥を歩く』（中央公論新社）、『聖徳太子と斑鳩三寺』（吉川弘文館）。

奈良・大和を愛したあなたへ

2018年1月11日　初版第1刷発行

著　者――千田 稔
発行者――稲川博久
発行所――東方出版（株）
〒543-0062 大阪市天王寺区逢阪2-3-2
Tel. 06-6779-9571　Fax. 06-6779-9573
装　幀――上野かおる
印刷所――亜細亜印刷（株）

乱丁・落丁はおとりかえいたします。

ISBN978-4-86249-296-8